4차 산업 시대, 우리에게 '기본'을 묻다

추천사

　구조적 저성장 속에서 양극화는 심화되고 있지만, 기존 제도는 복지 사각지대를 메우고 불평등을 완화하는 데에 힘을 발휘하지 못하고 있습니다. 인공지능 기술의 급속한 발전과 확산은 인류의 삶을 혁신적으로 바꾸는 동시에, 일자리 감소와 불안정 노동을 확대하며 노동시장 양극화를 가속화 할 것으로 우려됩니다. 사회 전 영역에서 국민의 기본적 삶을 권리로 인정하고 보장하는 패러다임 전환이 필요합니다.

　변화의 속도와 양상을 예측하기 어려워지는 환경 속에서 '기본사회'라는 개념은 오히려 더욱 현실적인 주제로 다가오고 있습니다. 이 책은 기본소득 논의가 단지 복지 정책을 둘러싼 논쟁이 아니라, 우리가 어떤 사회를 지향할 것인지 근본적인 질문을 던지는 일이라는 점을 보여줍니다. 대전환의 문턱에 선 우리에게 이 질문은 피할 수 없는 시대적 과제이고, 함께 살아갈 내일을 새롭게 설계하기 위한 진지한 논의의 출발점입니다.

　그간 기본소득을 둘러싼 가장 큰 장애물은 재원 조달, 세금 부담, 기존 복지체계와의 관계, 그리고 공정성 문제였습니다. 저자들은 이러한 현실적 난관을 구체적 수치와 국민 인식, 정책 실험의 결과를 들어 하나하나 짚고 있습니다. 기본소득에 대한 인식 변화와 찬반 여론, 실험

사업의 결과, 그리고 정책 도입에 필요한 사회적 합의 과정까지 종합적으로 제시합니다. 특히 국민의 절반 가까이가 기본소득 도입에 찬성하며, 많은 이들이 지급 규모와 무관하게 일을 계속하겠다고 답한 조사 결과는, 그간 제기되던 노동 의욕 저하 논란에 전환적 시각을 제시합니다.

  이 책을 통해, 기본소득과 기본사회에 대한 논의가 감정적 찬반을 넘어 성숙하고 깊이 있는 대화로 이어지기를 기대합니다. 기본사회로 나아가는 길은 결코 쉽지 않지만, 지금 논의되고 있는 각종 제도와 의미 있는 실험, 국민적 대화, 그리고 현장 경험의 축적이 우리 공동체의 회복력과 포용성을 높이는 데 어떤 기여할 것으로 믿습니다.

우원식

대한민국 국회의장

세상의 모든 약자들의 권리 보장을 목표로 하는 더불어민주당 을지키는민생실천위원회를 이끌고 계신 민병덕 의원과 저와 함께 기본사회 운동에 헌신해 오신 조현삼 부이사장과 장세환 화성상임대표, 조성진 경기정책단장께서 우리 사회의 기본에 대한 책을 저술하셨습니다.

이 책은 기본소득을 둘러싼 찬반 논쟁과 정당성 문제, 근로 의욕 논란, 재원조달의 어려움 등 현실적인 쟁점들을 저자가 피하지 않고 솔직하게 짚어내고 있습니다. 기본소득에 대한 국민의 인식, 실제 실험과 여론의 변화, 그리고 다양한 복지정책의 실효성까지 여러 관점을 함께 담으면서, 독자가 스스로 생각하고 판단할 수 있도록 도와줍니다. 기본소득이 단지 경제적 시혜가 아니라, 모두가 인간다운 삶을 영위할 수 있도록 사회 시스템을 근본적으로 바꿔 나가는 과정임을 강조하고 있습니다.

이 책에서 '기본사회'는 단순하게 '돈을 나눠주는 정책'에 머무르지 않습니다. 우리가 어떤 사회에서 살고 싶은지, 서로 무엇을 책임지고 어떻게 협력할 것인지, 복지와 권리, 공정성과 미래의 공동체가 무엇인지에 대한 근본적 질문을 차분하게 던집니다. 무상급식과 같은 부분적 기본소득 정책이 실제로 가져온 변화, 그리고 앞으로 우리가 함께 논의해야 할 복지 시스템의 미래에 대해 설득력 있게 안내해 줍니다.

이 책은 기본소득이 결코 먼 미래의 이야기가 아니라는 사실을 다시 깨우쳐줍니다. 복지 사각지대를 해소하고, 공동체의 회복력을 키우기 위해 우리 모두가 함께 논의하고 실천하면 얼마든지 앞당겨질 수 있습니다. 복지 정책과사회 변화, 기본소득의 현실적 가능성에 대해 차분히 고민하고 싶은 독자들께 꼭 읽어보시길 권하고 싶습니다.

강남훈
사단법인 기본사회 이사장

요즘 우리 사회는 '기본'에 대해 다시 묻고 있습니다. 일자리는 불안정하고, 기술과 자동화는 너무 빠르게 세상을 바꿔갑니다. 내일의 생계가 보장되는 사회, 불안하지 않은 사회란 과연 어떤 모습일까 고민하게 됩니다.

이 책은 그 질문을 피하지 않습니다. 송파 세 모녀 사건, 무상급식, 기본소득 실험까지. 복지 사각지대에 놓인 누군가가 안전망을 갖지 못했을 때, '당연한 권리'가 '시혜'로 변질될 때 어떤 일이 벌어지는지를 설명하며, '기본사회'라는 단어에 담긴 본질에 집중해 지금 우리에게 정말 필요한 것이 무엇인지 차분하게 제시합니다.

또한 저자는 우리 사회가 어떻게 기본사회로 나아갈 수 있을지를 설명합니다. "그래도 나는 일할 거다"라는 시민들의 목소리를 통해, 근로의욕 저하나 공정성 논란 등 이 제도를 둘러싼 비판을 설득하는 동시에, 현실에 닥친 문제와 구체적인 데이터를 토대로 정부, 정치인, 정책담당자뿐 아니라 일상을 살아가는 우리 모두가 함께 고민해야 할 질문을 던집니다.

이 책을 읽고 나면 '기본사회'가 더 이상 특정 진영만의 주제가 아니라, 우리 모두의 불안하지 않은 미래와 직결된 문제임을 자연스럽게 받아들이게 됩니다.

'기본사회'로 가는 길은 쉽지 않겠지만, 이 책은 그 여정을 고민하는 이들에게 작지만 든든한 빛이 되어줄 것입니다.

박주민

20, 21, 22대 국회의원

더불어민주당 기본사회위원회 수석부위원장

이 책은 '기본사회'와 '기본소득'이라는 개념을 통해 불확실성의 시대에 우리 사회가 나아가야 할 방향을 깊이 있게 탐구하는 귀중한 안내서입니다. 치솟는 물가, 불안정한 고용 시장, 예측 불가능한 기술 변화 속에서 삶의 '기본'이 흔들리는 현실을 직시하며, 특히 복지 사각지대에서 발생하는 비극적 사건들을 통해 '기본사회'로의 전환이 왜 절실한지 강조합니다.

이 책은 4차 산업혁명 시대에 모두가 인간다운 삶을 누릴 수 있는 가장 현실적이고 희망적인 대안으로 '기본소득'을 제시합니다. 기본소득의 개념을 명확히 하고 현재 우리 사회의 양극화 문제와 연결하여 기본소득 논의의 중요성을 역설하며, 재원 마련 문제나 근로 의욕 저하 논란과 같은 '정당성 문제'를 정면으로 다룹니다.

또한, 약 440년 전 조선의 정여립이 제시한 '천하공물설'과 18세기 토마스 페인의 '농업 정의'에 담긴 '기본 상속' 제안을 통해 기본소득의 철학적 뿌리를 역사적 관점에서 탐색하며, 지구가 인류 공동의 공유 자산이며 그 사유화로 인한 이익의 일부는 사회 전체에 환원되어야 한다는 주장이 시대를 초월하여 유효함을 보여줍니다.

기술 발전이 일자리 지형을 어떻게 변화시키고 양극화 문제를 야기해왔는지 산업혁명의 역사를 통해 살펴보면서, 불확실한 미래에 대한 막연한 두려움을 넘어 우리가 함께 고민하고 해결해야 할 구체적인 과제들을 제시하며 생산적인 논의의 장으로 독자들을 이끕니다.

이 책은 진정한 공동체를 꿈꾸고, 단 한 명의 시민도 삶의 기본에서 소외되지 않는 사회를 소망하는 모든 이들에게 더 나은 미래를 위한 필수적인 안내서가 될 것입니다. 지금, 이 책을 통해 우리 사회의 근본적인 질문에 함께 답하고, 모두의 삶을 위한 '기본사회'를 향한 희망찬 여정에 동참하시기를 강력히 권합니다.

박찬대
제20대, 21대 22대 국회의원 더불어민주당

이 책은 한국 사회에서 기본사회 비전이 왜 필요한지 깊이 탐구하며 현실적 쟁점과 가능성을 체계적으로 분석한 값진 결과물이다. 저자들은 기본소득을 중심에 둔 기본사회 실현이 오늘날 대한민국에 필요한 과제임을 누구보다도 현실적인 시각에서 통찰해 낸다.

책의 서두에서 기본사회라는 개념을 정의하고 공동체의 지속가능성을 위해 왜 '기본'이 보장되는 방향으로 나아가야 하는지 철학적 담론을 제시한다. 이어 사회 양극화와 복지 사각지대, 자동화와 4차 산업혁명의 영향 등 현장사례와 데이터에 기반해 분석하면서, 한국 복지시스템의 구조적 한계를 분석하며 이에 대한 대안으로서 기본사회를 제시한다.

이 책이 주는 가장 큰 의의는 기본소득에 대한 막연한 기대나 비판에 머물지 않고 구체적인 시범사업·여론조사·정책적 쟁점을 객관적으로 조망함으로써 독자가 스스로 균형 잡힌 판단을 내릴 수 있도록 이끌어 준다는 데 있다. 또한 부분적으로 실현된 기본소득 정책이 가져온 변화를 구체적으로 다루며, 이를 통해 우리 사회 미래 모습을 차분히 그려볼 기회를 제공한다.

"우리는 어떤 미래를 선택할 것인가?"

이 책을 통해 저자들이 던지고 있는 질문이다. 이 책은 정책 입안자뿐 아니라 사회 대전환을 꿈꾸는 시민들에게도 현실을 파악하는 도구이자, 미래를 설계할 귀중한 참고서가 되어줄 것이다. 특히 사회 변혁과 복지정책에 관심이 있는 독자라면, 이 책에서 깊이 있고 실질적인 논의를 충분히 경험할 수 있을 것이다.

용혜인

21, 22대 국회의원 기본소득당 대표

'기본사회'로의 이정표, 지금 우리에게 필요한 논의

'기본'은 모든 상황과 현상의 기초가 되는 상태를 의미하며, '사회'는 공동생활을 영위하는 모든 형태의 인간 집단을 뜻합니다. 결국 '기본사회'란, 공동생활을 영위하는 구성원 모두가 최소한의 기초 위에서 삶을 살아가는 사회로 정의할 수 있습니다. 최근 우리 사회는 상상을 뛰어넘는 속도로 전개되는 4차 산업혁명과 전례 없는 양극화 심화로 인해 '복지 사각지대'라는 냉혹한 현실에 직면하고 있습니다.

"남은 돈이 이거밖에 없습니다. 이번 달 월세를 제하고 남은 돈으로 저희 가족 장래 부탁드립니다."

라는 절규가 더 이상 낯설지 않은 시대, 우리는 최소한의 생존조차 어려운 이들의 비극 앞에서 근본적인 질문을 던지지 않을 수 없습니다.

본 글에서는 이러한 복지 사각지대에서 고통받는 이들에게 최소한의 생존권을 보장하고, 불확실한 미래 사회에서 모두가 인간다운 삶을 영위할 수 있는 토대를 마련하기 위한 '기본사회'의 개념과 그 핵심축인 '기본소득'의 의미를 탐색합니다. 또한 현재 우리 사회가 기본소득 도입을 위해 해결해야 할 재정적 문제와 국민 인식의 간극을 진형익 박사의 연구 결과를 바탕으로 분석하며, 궁극적으로 모두의 삶이 보장되는 '기본사회'를 향한 미래 지향적인 논의를 제안하고자 합니다.

'기본사회'로의 이정표, 지금 우리에게 필요한 논의   12

'기본사회'의 의미와 시대적 요구

기본 사회: 모두의 존엄이 기초가 되는 공동체   18

정여립의 애민 사상: 공유제의 토대가 되는 사상이

지금 우리에게 필요한 이유   25

모두의 삶을 위한 새로운 제안과 우리 사회의 과제   33

우리 사회의 현실 진단: 복지 사각지대와 양극화

기술 발전과 사회 변화의 숙명적 관계   40

기술 발전과 양극화 문제의 심화 반복되는 패턴과 현재의 위협   66

기술 발전 시대, 우리 사회가 직면한 과제와 대응 방향   69

삶의 기본이 무너진 비극적 현실

비극에서 배우는 교훈:

송파 세 모녀 사건과 기본 사회로 향하는 여정   80

'농업 정의'와 현대 기본소득의 철학적 뿌리 이해

시대를 넘어선 선구자, 토마스 페인을 다시 읽다	92
페인의 사상을 현대에 재조명하다: '공유부' 개념의 확장	103

기본사회로 가는 길

기본을 묻는다	112
무상급식, 보편적 복지의 씨앗에서 부분적 기본소득의 가능성까지	120
기본 사회와 인간의 행복: 뗄 수 없는 상관관계	124
기본 사회, 이상과 현실의 간격	131

우리 기본사회 이야기 나누며 미래의 길로 나아갑시다

세계의 변화를 이끄는 리더들도 이야기하는 기본소득	140
우리는 어느정도 준비 되었을까?	149
'기본사회'를 향한 여정, 지속적인 대화와 실천으로	154

서론: '기본사회'의 의미와 시대적 요구

기본 사회:
모두의 존엄이 기초가 되는 공동체

 우리가 살아가는 사회의 본질을 이해하고, 더 나은 미래를 설계하기 위해서는 가장 근본적인 개념부터 되짚어볼 필요가 있습니다. '기본'과 '사회'라는 두 단어는 우리가 발 딛고 선 현실을 규정하는 핵심 요소입니다. 국어사전은 '기본'을 '모든 상황과 현상의 기초가 되는 상태'로 정의하며, '사회'는 '공동생활을 영위하는 모든 형태의 인간 집단'이라고 설명합니다. 이 두 정의를 합치면 '기본사회'란 결국 공동생활을 영위하는 구성원 모두가 기초가 되는 상태에서 공동생활을 살아가는 사회라 할 수 있습니다. 단순히 사람들이 모여 사는 것 뿐만 아니라 공동체 구성원 각자가 최소한의 존엄과 안정을 바탕으로 삶을 영위할 수 있는 기반이 마련된 상태를 지향하는 개념입니다.

안타깝게도 우리 사회의 현실은 이러한 '기본사회'의 이상과는 거리가 멀 때가 많습니다.
"죄송합니다. 남은 돈이 이거밖에 없습니다. 이번 달 월세를 제하고 남은 돈으로 저희 가족 장래를 부탁드립니다"
송파 세 모녀의 가슴 아픈 문장을 접했을 때, 눈물을 흘리지 않은 국민이 과연 몇이나 되겠습니까. 이 짧은 유서의 글귀는 한 가족이 벼랑 끝에 몰려 겪는 절망적인 상황을 적나라하게 보여줍니다. 그들에게 복지를 논하기보다는, 최소한의 목숨을 부지하고 생필품을 살 수 있는 아주 기본적인 삶에 필요한 경제적 기반조차 없었던 것입니다. 이는 개인이 게으르거나 노력이 부족해서가 아니라, 사회 시스템의 안전망이 제대로 작동하지 않아 발생한 비극적인 현실의 자화상입니다.

이러한 사건들은 우리 사회가 직면한 심각한 문제, 즉 '복지 사각지대'를 여실히 드러냅니다. 기존의 복지 시스템이나 지원 체계로는 포괄되지 않는 사람들이 존재하며, 이들은 최소한의 인간다운 삶조차 유지하기 어려운 상황에 놓여 있습니다. 삶을 포기하고, 기초적인 생활 자체가 불가능한 상태에서 스스로 인간의 존엄마저 내려놓게 되는 이 비극은 단순히 한 개인이나 가족의 문제가 아니라 사회 전체의 문제입니다.

2024년 트렌드 코리아에서도 언급했듯이, 우리는 최근 가장 두드러지게 나타나고 있는 현상 중 하나인 '경제적 양극화'의 시대에 살고 있습니다. 경제적 양극화는 소득과 자산의 불평등을 심화시키고, 교육, 건강, 기회 등 삶의 전반적인 영역에서 격차를 벌립니다. 이러한 격차는 결국 사회의 기초를 허물고, 누군가를 복지 사각지대로 내몰며, '기본'이 무너진 사회를 만듭니다. 양극화는 단순히 부자와 가난한 사람의 차이가 아닌, 기본적인 삶의 조건 자체가 충족되지 않는 극단적인 상황을 만들어내며 인간의 존엄성마저 위협하는 구조적 문제로 확대되고 있습니다.

모두에게 기본적인 삶의 기반을 제공하는 '기본 사회'를 구축하는 일은 양극화와 복지 사각지대 문제를 해결하고, 모든 구성원이 최소한의 존엄을 유지하며 살아갈 수 있도록 하는 중요한 과제입니다. 기본 사회의 토대를 마련하는 데 있어 가장 큰 현실적인 과제는 바로 '재정'입니다. 기본소득, 기본자산, 기본주거 등 '기본'이 들어가는 정책들은 모두 막대한 재원을 필요로 합니다. 따라서 기본 사회 구축의 핵심 자원은 결국 국가 재정의 확대가 될 수밖에 없으며, 이 과정에서 복잡한 현실과 마주하게 됩니다.

  우리나라 국가재정 통계를 발표할 때 공공부분 재정 또는 사회보장 기금으로 분류되는 국민연금은 미래 세대의 노령 인구에게 연금을 지급하기 위해 현재 세대가 납부하는 기금으로, 그 목적과 용도가 엄격히 제한되어 있습니다. 이 재정은 일반적인 국가 세입과는 성격이 다르며, 전용할 수 없는 특정 목적 기금입니다. 따라서 실제로 '기본 사회' 실현을 위한 복지 예산이나 기타 '기본' 정책에 투입되는 국가 재정은 국민연금 재정을 제외한 나머지에서 충당해야 합니다. 이는 부족한 재정을 메우기 위해 복지 예산 외에 별도의 예산을 편성하고, 추가적인 재원을 마련해야 하는 부담으로 작용합니다.

  중앙 정부뿐만 아니라 각 지자체, 시·군별로도 이러한 재정적 어려움은 동일하게 나타납니다. 지역 주민들의 삶에 직접적으로 영향을 미치는 기본 서비스와 복지 정책을 제공하기 위해서는 자체적인 재정 확보 노력이 필수적입니다. 부족한 재정을 채우기 위해 지방 정부들은 다양한 방식으로 자체 재정을 마련하려고 노력해야 합니다. 이러한 노력의 대표적인 사례로 "신안의 태양을 이용한 주민참여형 태양광 사업"이 있습니다. 지역의 자연 자원(태양광)을 활용하여 주민들이 직접 참여하고, 이를 통해 얻은 수익을 지역 재정 확충이나, 주민 복지 사업에 활용하는 모델은 중앙 정부의 재정에만 의존하지 않도록 합니다. 지역 스스로 기본 사회의 토대를 다질 수 있는 가능성을 보여줍니다. 이러한 창의적이고 지역 기반의 재정 확보 노력은 기본 사회 구축을 위한 중요한 한 축을 담당합니다. 전국 각지에서 새로운 소득원 발굴과 활용 노력이 확산될 때, 기본 사회를 위한 재정적 기반도 더욱 튼튼해질 수 있습니다.

기본 사회를 통해 우리가 궁극적으로 지향하는 바는 무엇일까요? 바로 인간의 '행복'입니다. '행복(幸福)'이라는 단어는 그 자체로 복잡하고 다양한 의미를 내포하고 있습니다. 흥미롭게도 '행복'이라는 단어는 근대 개화기 시절, 서구의 'Happiness'라는 개념이 일본에서 번역되면서 만들어진 용어(화제한어, 和製漢語)가 우리나라로 유입되어 정착된 외래 번역어라는 것이 학계의 일반적인 견해입니다.

물론 이전에도 우리 문화에는 복(福), 안녕(安寧), 평안(平安) 등 행복과 관련된 다양한 개념과 이를 표현하는 단어들이 존재했지만, '행복'이라는 단어 자체는 번역 과정을 거쳐 정립된 근대어라고 보는 것이 일반적입니다.

우리가 행복을 어떻게 정의하고 추구하는지는 사회의 문화적, 철학적 배경에 따라 달라질 수 있습니다. 영국식 경험주의적이고 개인의 자유를 중시하는 관점(정음적 자유주의)와 이상과 정신을 중시하는 관점(독일식독일 관념적 행복)의 차이를 언급했듯이, 각 사회는 나름의 방식으로 행복을 이해합니다. 그렇다면 우리는 한국식 행복을 어떻게 정의해야 할까요? 급격한 경제 성장과 치열한 경쟁 속에서 물질적 풍요와 성공이 행복의 척도로 여겨지기도 했지만, 양극화 심화와 사회적 불안 속에서 이제는 새로운 차원의 행복을 고민할 시점입니다.

'기본 사회'의 맥락에서 한국식 행복을 정의한다면, 이는 소수의 성공이나 특권층의 만족이 아니라 모든 사회 구성원이 기본적인 삶의 조건 속에서 각자의 잠재력을 발휘하고, 공동체 안에서 안전하고 의미 있는 삶을 살아갈 수 있을 때 비로소 달성되는 상태를 의미합니다. 이는 특정 계층만을 위한 행복이 아니라, 누구도 소외되지 않고 최소한의 인간다운 삶을 누릴 수 있는 기반 위에서 추구되는 행복입니다.

한국식 행복의 정의는 결국 '보편성'을 핵심 가치로 삼아야 합니다. 행복이 보편적이 되어야 한다는 것은 특정 조건이나 지위에 관계없이 모든 사람에게 행복을 추구할 기회와 최소한의 조건이 주어져야 함을 의미합니다. 이러한 보편성이 확보될 때, 가장 '정의로운' 사회의 모습이 됩니다. 기본적인 삶조차 영위할 수 없어 인간의 존엄성이 위협받는 이들이 존재하는 사회는 결코 정의로운 사회라 할 수 없습니다. 기본 사회는 모든 구성원에게 '기초가 되는 상태'를 보장함으로써, 보편적인 행복을 추구할 수 있는 정의로운 기반을 마련하는 것을 목표로 합니다.

따라서 '기본 사회'는 사전적 정의를 넘어, 우리 사회의 가장 아픈 지점인 양극화와 복지 사각지대 문제를 직시하고, 모든 구성원이 인간적인 존엄을 유지하며 살아갈 수 있는 기초를 다지는 일입니다. 이는 막대한 재정적 과제를 동반하며, 중앙 및 지방 정부의 창의적이고 지속적인 노력이 반드시 필요합니다. 궁극적으로 기본 사회가 지향하는 바는 우리 사회에 맞는 '한국식 행복'을 모든 구성원이 보편적으로 누릴 수 있도록 하는 정의로운 공동체를 만드는 것입니다. 기본 사회는 단순히 최소한의 생존을 보장하는 것을 넘어, 모든 개인이 안전하고 존중받는 환경에서 각자의 삶을 가꾸어 나가며 공동체의 일원으로 행복을 경험할 수 있는, 진정으로 기초가 튼튼한 사회를 향한 여정입니다.

  정여림 선생은 애민 사상을 주창했습니다. 우리가 조선시대 학자 정여립을 다시 돌아본다면, 그의 삶을 단순히 '정여립의 난'으로만 규정할 것이 아니라, 이면에 담긴 애민 정치와 애민 사상이 무엇이었는지 성찰할 수 있습니다. 정여립은 백성은 먹을 것으로부터 자유로워야 하며, 그 자유로움 속에서 행복을 찾을 수 있다고 이야기했습니다. 메슬로의 욕구 5단계 이론에서 말하듯, 인간은 기본적으로 먹고사는 문제가 해결되어야 합니다. 지금 이 시대를 살아가는 우리는, '기초'란 무엇인가에 대해 진지하게 고민해야 할 때입니다.

# 정여립의 애민 사상: 공유제의 토대가 되는 사상이 지금 우리에게 필요한 이유

우리는 종종 역사 속에서 현재의 문제에 대한 깊이 있는 통찰을 발견하곤 합니다. 약 440년 전, 조선 중기의 사상가 정여립은 시대를 앞서가는 파격적인 사상을 제시했습니다. 그의 천하공물설(天下公物說)은 "천하는 공물(公物)인데 어찌 일정한 주인이 있으랴"라는 물음에서 시작됩니다. 이 말은 곧 "천하의 모든 물건은 모두의 것이다"라는 혁명적인 선언입니다. 혹자는 그의 사상을 공산주의 이론과 연결 짓기도 하고, 또 어떤 이는 조선시대의 공화주의 사상가로 해석하기도 합니다. 그러나 이 글에서 우리는 정여립의 사상적·이념적 성격을 규정하려는 것이 아닙니

다. 핵심은 조선이라는 강력한 왕권주의 체제하에서, 그가 던진 '천하공물'이라는 개념이 가진 공유(公有)의 정신과, 이 사상이 오늘날 우리가 논의하는 '공유부(共有富)', 즉 공동 자산에 대한 인식의 근간이 될 수 있음을 밝히고자 합니다.

정여립의 천하공물설은 당시 조선 사회가 겪고 있던 심각한 사회적 부조리와 불평등을 해결하기 위한 방안으로 제시되었습니다. 그의 사상에는 단순히 소유권을 부정하는 것을 넘어, 사회 전체의 안녕과 평화를 위한 깊은 고민이 담겨 있습니다.

정여립이 천하공물설을 통해 주장한 핵심 내용은 다음 세 가지로 요약할 수 있습니다.

첫째, 재산의 공평한 분배입니다. 정여립은 부자와 가난한 사람 사이의 극심한 재산 차이가 사회 불안의 근본 원인이라고 보았습니다. 그는 모든 사람이 필요한 만큼의 재산을 가질 수 있도록 하는 것이 사회의 평화와 안정을 유지하는 데 필수적이라고 강조했습니다. 이는 단순히 부를 똑같이 나누는 기계적인 분배론이 아니라, 인간으로서 최소한의 삶을 영위하고 사회 구성원으로서 기능하기 위한 경제적 기본권을 보장해야 한다는 인식이 깔려 있습니다.

둘째, 사회적 불평등의 해결입니다. 재산의 불균형은 곧 기회의 불평등으로 이어집니다..

정여립이 활동했던 시기는 대략 16세기 후반, 선조 재위기였습니다.

이 시기 조선 사회는 부조리로 소수의 양반 계층은 대부분의 토지를 소유하고 과거를 통해 관직에 진출하는 등 막대한 특권을 누렸습니다. 반면 대다수의 상민과 천민은 과도한 조세와 부역에 시달리며 경제적 어려움을 겪었습니다. 양반들의 횡포와 수탈도 심해져 백성들의 불만이 쌓여갔습니다.

그러면서 사회적 불평등 심화로 토지분배인 역분전(易分田) 등을 통해 농민들에게 토지를 분배하려 했으나, 시간이 흐르면서 권세가와 양반 지주층이 토지를 병합하는 현상이 심화되었습니다. 이들은 불법적인 방법(탈세, 강탈 등)으로 농지를 확대했고, 농민들은 점차 토지를 잃고 소작농이나 임시노동자로 전락했습니다.

토지를 잃은 농민들은 지주의 땅을 빌려 경작해야 했고, 수확량의 절반 이상을 소작료로 바치는 경우가 허다했습니다. 여기에 각종 세금과 부역까지 더해지면서, 농민들은 심각한 빈곤과 굶주림에 시달렸습니다.

정여립은 천하가 모두의 것이라는 인식을 통해 모든 사람이 동등한 기회를 가질 수 있도록 하는 사회 구조를 지향했습니다. 이는 신분이나 출신, 혹은 타고난 재산의 유무에 따라 삶의 기회가 결정되는 불평등한 사회 질서에 대한 근본적인 문제 제기였습니다.

셋째, 공공의 이익을 위한 재산의 사용입니다. 천하공물설의 핵심은 개인의 사적 소유욕만을 채우기 위한 재산 축적을 넘어, 사회 전체의 이익을 위해 재산을 사용해야 한다는 것입니다. 이는 개인의 부가 사회로부터 유리된 독립적인 것이 아니라, 사회 공동체 안에서 발생하고 유지되는 것이므로 그 혜택 또한 공동체 전체에 돌아가야 한다는 인식입니다. 즉, 재산은 단순히 개인의 전유물이 아니라 공적인 성격을 가지며, 공공선을 위해 활용될 책임이 있다는 것입니다.

정여립의 이러한 사상은 안타깝게도 그의 시대에는 널리 받아들여지지 못했습니다. 강력한 왕권과 사유재산 제도가 확고했던 조선 사회에서 천하공물설은 기존 질서를 위협하는 위험한 사상으로 여겨졌습니다. 그의 사상은 이후에도 많은 논란을 불러왔고, 특히 그가 역모 사건에 연루되면서 그의 사상 역시 정파적 해석의 대상이 되었습니다. 일부는 이를 조선판 공산주의로 매도하며 부정적으로 해석했으나, 다른 일부는 사회적 불평등을 해결하려는 진보적 사상으로 이해하기도 했습니다.

그러나 무엇보다 중요한 것은 이러한 역사적 논란에도 불구하고 그의 천하공물설이 담고 있는 근본적인 질문과 가치가 시대를 초월해 유효하다는 점입니다. 정여립은 단순히 재산의 소유 형태만을 논한 것이 아니라, 사회 구성원 간의 관계, 부의 분배 정의, 그리고 공동체의 책임에 대한 근원적인 물음을 던졌습니다. 그의 사상은 비록 440년 전의 것이지만, 오늘날 우리가 직면한 여러 사회 문제와 연결해 볼 때 여전히 깊은 울림을 줍니다.

현대 사회는 조선시대와 비교할 수 없을 만큼 복잡하고, 발전했지만, 부조리와 불평등의 문제는 여전히 존재하며, 오히려 심화되는 양상마저 보입니다. 소득과 자산의 양극화는 심각한 사회 문제로 대두되었고, 환경 파괴와 기후 변화는 지구 전체의 공유 자산인 자연을 위협하고 있습니다. 또한, 디지털 정보와 기술 발전의 혜택이 소수에게 집중되면서 새로운 형태의 불평등이 나타나고 있습니다. 이러한 상황에서 우리는 정여립의 천하공물설에 담긴 공유의 정신, 즉 '모든 것은 공통으로 모두의 것'이라는 사상의 토대에 주목해야 합니다. '공유부'라는 개념을 현대적으로 재해석해 우리 시대의 문제 해결에 필요한 사상적 기반으로 삼고 논의하자는 것입니다.

그렇다면 공유제의 토대가 되는 이 사상이 지금 우리에게 왜 필요할까요?

첫째, 심화되는 불평등에 대한 대안 모색입니다. 현대 자본주의 사회는 효율성과 성장을 극대화했지만, 그 과정에서 부의 집중과 소득 격차라는 그림자를 남겼습니다. 상위 소수가 사회 전체 부의 대부분을 차지하고, 많은 이들은 기본적인 삶을 유지하는 데 어려움을 겪고 있습니다. 정여립의 사상은 이런 극심한 불평등에 맞서, 모든 사회 구성원이 최소한의 경제적 기반 위에서 삶을 영위할 수 있도록 '공유부'를 확충하고 그 혜택을 공정하게 나누어야 한다는 근거를 제공합니다. 예를 들어, 토지나 자연 자원에서 발생하는 이익, 혹은 기술 발전으로 생긴 사회적 부가가치 등을 '공유부'로 인식하고, 이를 기본소득이나 사회 서비스 확충에 활용하는 정책적 상상력을 발휘할 수 있습니다. '디지털 공유부(Digital Commons)'는 디지털 시대의 새로운 공공재 개념으로, 정보, 지식, 소프트웨어, 데이터 등 디지털 자원을 모두가 자유롭게 접근하고 활용하며 재창조할 수 있도록 하는 것을 의미합니다.

민간 기업이나 연구기관, 시민사회 단체 등 실제 수요자들이 필요로 하는 데이터를 묶어서(패키지 형태로) 제공함으로써, 새로운 서비스 개발과 혁신을 촉진하도록 공공데이터의 수집, 저장, 관리, 개방, 활용 전반에 걸친 표준화된 관리 체계를 구축하고, 데이터의 품질을 지속적으로 관리하며, 데이터 활용에 대한 투명성을 확보해야 합니다.

둘째, 지속 가능한 발전을 위한 지구환경 보호의 중요성입니다. 깨끗한 공기, 맑은 물, 비옥한 토양, 안정적인 기후 등은 인류 생존에 필수적인 '공유부'입니다. 그러나 우리는 산업화 이후 이러한 환경 자원을 소수의 사적 소유물처럼 남용해왔고, 그 결과는 심각한 환경 오염과 기후 위기로 나타나고 있습니다. 천하공물설의 정신은 환경을 특정 개인이나 국가의 전유물이 아닌, 현재와 미래 세대가 함께 지키고 보존해야 할 공동 자산, 즉 '공유 환경'으로 인식하게 합니다. 이러한 인식은 환경 보호와 지속 가능한 자원 관리를 위한 공동의 책임과 노력을 이끌어내는 중요한 사상적 토대가 됩니다.

셋째, 지식과 정보의 공유를 통한 혁신과 접근성 강화입니다. 21세기는 정보화 시대입니다. 지식과 정보, 디지털 인프라는 새로운 형태의 '공유부'가 되고 있습니다. 하지만 지식 재산권의 과도한 보호나 특정 기업에 의한 데이터 독점 등은 '디지털 공유부'에 대한 접근성을 제한하고 혁신을 저해합니다. 정여립의 천하공물설의 정신을 현대적으로 접목한다면, 지식과 정보 역시 인류 공동의 자산으로 자유롭게 공유하고 활용할 때 사회 전체의 발전과 혁신이 촉진될 수 있음을 알 수 있습니다. 공공 데이터 개방, 오픈소스 문화 장려, 교육 및 연구 결과의 폭넓은 공유 등은 '디지털 공유부' 확장의 구체적인 실천 방안이 될 수 있습니다.

넷째, 사회적 자본과 공공 서비스의 중요성 재인식입니다. 신뢰, 연대, 협력과 같은 사회적 자본과, 잘 갖춰진 교육·의료·교통 등 공공 서비스 또한 사회의 중요한 '공유부'입니다. 이러한 자산들은 개인의 노력만으로 이루어지는 것이 아니라 사회 공동체 전체의 노력으로 만들어지고 유지되며, 모든 구성원의 삶의 질을 높이는 데 기여합니다. 정여립의 천하공물설은 이러한 사회적 자본과 공공 서비스가 특정 계층만을 위한 특권이 아니라, '천하의 공물'처럼 모두가 누려야 할 보편적 혜택임을 강조합니다. 이는 공공 서비스에 대한 투자를 강화하고, 사회적 신뢰와 협력을 증진하며, 공동체 의식을 함양하는 것이 곧 공유부를 튼튼하게 하는 길임을 일깨워 줍니다.

결론적으로, 조선 중기 사상가 정여립의 "천하는 공물인데 어찌 일정한 주인이 있으랴"라는 외침은 440년이 지난 지금, 심화되는 불평등, 환경 위기, 그리고 새로운 기술 시대의 과제에 직면한 우리에게 여전히 유효한 사상적 토대를 제공합니다. 그의 천하공물설은 단순한 과거의 이론이 아니라, 우리 사회의 근간을 이루는 '공유부'의 개념을 재정립하고 확장하는 데 필요한 깊은 통찰을 담고 있습니다.

　이제 우리는 천하공물설에 담긴 공유의 정신을 바탕으로, 현대판 '공유부'를 어떻게 정의하고 확장하며, 그 혜택을 어떻게 하면 가장 공정하고 효율적으로 모든 사회 구성원에게 돌아가게 할 것인지에 대해 깊이 논의하고 실천해야 할 때입니다. 440년 전 선조의 외침은 단순한 역사적 기록이 아니라, 더 나은 미래, 곧 모두의 존엄이 존중받고 공동의 자산이 모두에게 이롭게 활용되는 '공유 사회'를 향한 길을 밝혀 주는 등불입니다. 지금이야말로 공유제의 토대가 되는 그의 사상이 우리 사회에 절실히 필요한 이유가 아닐까요?

# 모두의 삶을 위한 새로운 제안과 우리 사회의 과제

 변화의 속도가 숨 가쁘게 빨라지는 현대 사회에서 우리는 기술 발전, 자동화, 그리고 경제적 불확실성이라는 새로운 도전에 직면해 있습니다. 전통적인 고용 형태가 변화하고 소득 불평등이 심화되면서, 모든 사회 구성원이 안정적으로 삶을 영위할 수 있는 새로운 형태의 사회 안전망에 대한 논의가 활발해지고 있습니다. 이러한 배경 속에서 '기본소득(Basic Income)' 제도가 전 세계적으로 주목받으며 우리 사회에서도 중요한 정책 아젠다로 떠올랐습니다.

 기본소득은 그 정의에서부터 혁신적인 특징을 가집니다. 이는 단순히 취약 계층만을 대상으로 하는 기존의 복지 제도와 달리, 모든 국민에게 국가가 일정한 금액을 조건 없이 정기적으로 지급하는 제도입니다. 여기서 '모든 국민에게'와 '조건 없이'라는 두 가지 특징이 핵심입니다. 소득 수준, 자산 보유 여부, 노동 능력, 구직 노력 등 어떠한 자격 요건이나 조건도 따지지 않고 지급된다는 점에서 기존 복지 제도와 확연히 구분됩니다.

이러한 기본소득이 제안된 주된 목적은 세 가지로 요약할 수 있습니다. 첫째, 개인의 생존권 보장입니다. 급변하는 경제 환경 속에서 누구나 최소한의 경제적 기반을 갖고 인간다운 삶을 유지할 수 있도록 사회가 기본적인 안전망을 제공하자는 것입니다. 이는 단순한 복지 혜택이 아니라, 현대 사회를 살아가는 시민으로서 누려야 할 기본적 권리라는 관점입니다.

둘째, 빈곤 감소 및 해소입니다. 기본적인 소득이 보장됨으로써 극심한 빈곤층의 생활 안정을 도모하고, 갑작스러운 실직이나 질병 등의 위기 상황에서도 나락으로 떨어지는 것을 방지하여 빈곤을 줄이는 효과를 기대할 수 있습니다.

셋째, 사회적 불평등 완화입니다. 기본소득은 사회의 양극화를 완화하는 데 기여할 수 있는 방법으로 제시되고 있습니다. 모든 시민에게 기본적인 생활 수준을 보장함으로써 사회 통합을 강화하는 효과도 기대할 수 있습니다.

이처럼 기본소득은 모든 사람에게 최소한의 인간다운 삶을 보장하고 사회의 근간을 튼튼히 하자는 이상적인 목표를 제시합니다. 그러나 이를 실제로 도입하기 위해서는 여러 현실적인 과제와 고려가 필요합니다.

가장 큰 논의 지점은 바로 재원 확보 문제입니다. 모든 국민에게 일정한 금액을 지급하는 기본소득은 필연적으로 막대한 재정 부담을 초래합니다. 따라서 기본소득을 안정적이고 지속 가능하게 지급하기 위한 구체적이고 실현 가능한 재원 마련 방안이 필수적으로 요구됩니다. 이는 단순히 예산 항목을 조정하는 것에서 그치지 않고, 국가 전체의 세입 구조와 재정 운영 방식에 대한 근본적인 검토가 이루어져야 합니다. 소득세, 법인세 인상은 물론 자산 불평등 완화 효과를 기대할 수 있는 재산세, 상속세 강화, 토지나 자연 자원 등 공유 자산에서 발생하는 이익의 활용, 데이터 공유세나 탄소세 등 새로운 세금의 도입 등 다양한 창의적 접근이 논의될 수 있습니다. 안정적인 재원 확보 없이는 기본소득 제도의 지속 가능성을 담보하기 어렵습니다.

다음으로 중요한 과제는 기존 복지 제도와의 관계 재정립입니다. 현재 우리 사회에는 생계급여, 실업수당, 육아수당 등 다양한 복지 제도가 존재합니다. 기본소득 도입 시 기존 복지 제도를 완전히 대체할 것인지, 아니면 유지하면서 기본소득을 추가로 지급해 복지 혜택을 보완할 것인지에 대한 명확한 방향 설정이 필요합니다. 만약 기본소득이 기존 복지 제도의 상당 부분을 대체한다면, 제도 간소화와 행정 효율성 증대라는 장점이 있지만, 기존 제도를 통해 더 큰 지원을 받던 취약계층에는 오히려 불리하게 작용할 수 있습니다. 간소화와 효율성 증대 이유로 기존 복지 제도는 대부분 소득, 자산, 가구 구성, 특정 질병 및 장애 여부 등 다양한 기준에 따라 수급 자격을 선별하고 심사하는 복잡한 과정을 거칩니다. 이러한 과정은 서류 제출, 현장 실사, 주기적인 재심사 등으로 인해 많은 시간과 인력을 소모합니다. 하지만 기본소득은 원칙적으로 모든 시민에게 조건 없이 지급되므로, 이러한 선별 과정 자체가 필요 없어집니다. 이는 심사 및 관리에 드는 막대한 행정 비용과 인력을 절감하는 핵심적인 이유입니다.

반대로 기본소득이 기존 복지에 추가되는 보완적 성격이라면, 사회 전체의 복지 수준을 높일 수 있지만, 추가 재정 부담이 발생합니다. 우리 사회가 추구하는 복지 모델의 방향과 우선순위를 분명히 하고, 기본소득 도입이 기존 시스템과 시너지를 낼 수 있도록 전체적 안전망을 정교하게 설계하는 과정이 반드시 필요합니다. 사회 구성원이 어떤 복지 국가를 원하는지에 대한 숙의 민주주의 절차와 국민적 합의를 필요로 합니다.

결국 재원 확보와 복지 제도 재설계는 사회 전반에 큰 영향을 미치는 중대한 문제입니다. 기본소득 도입 과정은 사회 전체의 합의와 동의를 바탕으로 이뤄져야 하며, 일방적 정책 추진은 오히려 사회적 갈등과 혼란을 불러올 수 있습니다. 국가와 시민사회는 국민들에게 기본소득의 개념, 기대 효과, 필요한 재원, 그리고 기존 복지 제도와의 관계에 대해 충분하고 투명한 정보를 제공해야 하며, 열린 토론의 장을 통해 다양한 의견을 논의하고 국민적 공감대를 넓혀야 합니다. 기본소득이 단순한 유행이 아닌, 우리 사회 미래를 위한 진지한 선택지가 되기 위해서는 숙의 민주주의 과정이 반드시 수반되어야 합니다.

기본소득이 성공적으로 안착하고 그 효과를 제대로 발휘하기 위해서는 시행 세부사항에 대한 명확한 설계가 필수입니다. 이러한 세부 설계는 기본소득의 효과성뿐만 아니라 재정 부담 규모, 사회적 수용성에도 큰 영향을 미칩니다.

시행 세부사항 설계를 위해서는 이론적 논의를 넘어 실험적 접근이 매우 유용할 수 있습니다. 특정 지역이나 특정 계층을 대상으로 기본소득 시범 사업을 실시해 실제 효과(빈곤 감소, 고용 시장 변화, 소비 진작, 사회적 효능감, 경제적 효과 등)와 예상치 못한 부작용, 그리고 행정적 실현 가능성 등을 면밀히 평가하고 데이터를 축적해야 합니다. 이러한 실험 결과를 바탕으로 우리 사회의 특성에 맞는 최적의 기본소득 모델을 설계하고, 전국적인 도입 시 발생할 수 있는 위험을 최소화할 수 있습니다.

물론 기본소득 도입을 둘러싼 다양한 고려사항과 해결해야 할 과제들은 결코 쉽지 않습니다. 막대한 재정 부담, 기존 제도와의 충돌, 그리고 사회적 합의 도출의 어려움 등 현실적인 장벽이 존재합니다. 일부에서는 근로 의욕 저하, 물가 상승 등 부작용에 대한 우려도 제기합니다.

그럼에도 불구하고 기본소득은 우리 사회가 직면한 불평등과 불안정성 문제를 해결하고, 모든 사람에게 기본적인 생활을 보장하는 방법으로서 많은 가능성과 잠재력을 지니고 있습니다. 기본소득은 단순히 돈을 나누어주는 정책이라기보다, 빠르게 변화하는 산업 구조 속에서 일자리 감소에 대비하고, 개인이 생계 불안 없이 더 창의적이고 사회에 기여하는 활동(자원봉사, 돌봄, 학습, 환경 복원, 재생에너지 확대 등)에 적극 참여할 수 있도록 독려하며, 사회 전체의 활력을 높이는 동력이 될 수도 있습니다.

궁극적으로 기본소득 도입 논의는 우리가 어떤 사회를 만들어 나갈 것인가에 대한 근본적인 질문과 맞닿아 있습니다. 모든 구성원이 최소한의 존엄을 지키며 살아갈 수 있는 '기본 사회'를 향한 여정에서, 기본소득은 강력한 도구가 될 수 있습니다. 이제 우리 사회는 기본소득의 잠재력을 현실화하기 위해 필요한 재정적, 제도적, 사회적 과제들을 회피하지 않고, 열린 마음으로 토론과 숙고를 이어가며 우리만의 방식으로 이 새로운 제도를 탐색해 나가야 합니다. 이를 통해 사회적 불평등을 줄이고, 모든 국민에게 안정적인 삶의 기반을 제공하며, 더 인간적이고 정의로운 공동체를 향해 한 걸음 더 나아갈 수 있을 것입니다.

우리 사회의 현실 진단:
복지 사각지대와 양극화

기술 발전과 사회 변화의 숙명적 관계

  인류의 역사는 기술 발전과 함께 진화해 왔습니다. 불의 발견을 시작으로 바퀴의 발명, 농업 혁명에 이르기까지, 기술은 인간의 삶과 일, 그리고 사회적 관계의 방식까지 근본적으로 변화시켜 왔습니다. 이러한 변화는 때로는 점진적으로, 때로는 폭발적으로 일어나며 사회 구조 전체를 뒤흔들었습니다. 특히 '산업혁명'으로 불리는 일련의 시기들은 기술 발전이 가져오는 변화의 속도와 규모가 얼마나 거대할 수 있는지를 극명하게 보여줍니다.

  새로운 기술은 기존의 일자리를 소멸시키는 동시에, 이전에는 상상하지 못했던 새로운 일자리를 창출하며 생산성을 혁신적으로 높였습니다. 하지만 그와 동시에 사회 구성원들 사이에 새로운 형태의 격차와 갈등도 만들어냈습니다. 일자리의 변천과 그로 인한 사회적 영향, 특히 부와 기회의 양극화 문제는 기술 발전의 역사에서 반복적으로 나타난 중요한 패턴입니다.

이번 장에서는 1차, 2차 산업혁명 시기의 구체적인 사례를 통해 기술 발전이 일자리에 미친 영향과 사회적 문제를 살펴보고, 현재 우리가 마주하고 있는 3차, 4차 산업혁명 그리고 인공지능 시대의 일자리 변화와 양극화 문제를 진단하며, 이에 대응하기 위한 우리 사회의 과제와 방향에 대해 논의하고자 합니다.

말(馬) 시대의 풍경과 그림자:
산업화 이전 도시의 일자리와 문제점

본격적인 산업혁명이 도시의 풍경을 바꾸기 전, 19세기 말 도시의 거리는 말(馬)이 지배했습니다. 1880년 런던에는 매일 5만 마리, 뉴욕에는 10만 마리의 말이 사람과 상품을 실어 날랐습니다. 말과 마차는 당시의 핵심적인 교통 및 운송 수단이었으며, 이는 마부, 마차 제작 및 수리공, 마구간 관리인 등 다양한 직업을 만들어내며 수많은 사람들의 생계를 지탱했습니다. 말은 인간의 삶에 필수적인 존재였고, 관련 산업은 중요산업으로 번창했습니다.

하지만 말은 인간의 삶에 편리함을 제공한 동시에 심각한 도시 문제의 주범이기도 했습니다. 말 한 마리가 하루에 7kg에서 15kg의 똥과 1리터가 넘는 오줌을 쏟아냈습니다. 뉴욕에서는 하루에만 1,000톤이 넘는 말똥이 거리에 쌓였고, 불결할 뿐만 아니라 도시 전체의 위생과 환경을 심각하게 위협했습니다. 썩는 말똥은 악취를 풍겼고, 파리와 해충의 온상이 되었으며, 질병 확산의 주요 원인이었습니다. 또한, 말똥은 온실가스 효과가 이산화탄소보다 25배나 높은 메탄 배출의 주범이었습니다. 말이 트림을 하거나 방귀를 뀔 때도 다량의 메탄이 배출되었습니다. 이로 인해 대도시들은 이른바 '말똥 재앙(Great Horse Manure Crisis)'이라는 전례 없는 환경 위협에 직면했습니다.

당시 도시에는 다소 기이하게 들릴 수 있는 직업이 존재했습니다. 바로 '말똥피하기' 혹은 '말똥 지기'로 불리는 직업이었습니다. 마차가 붐비는 도심에서 승객이 말똥을 밟지 않도록 마차에서 건물까지 안아서 옮겨주거나, 혹은 말똥을 즉시 치우고 정리하는 일을 했습니다. 이 직업은 주로 도심이나 마을에서 말과 마차의 이동이 잦은 곳에서 필요한 서비스였습니다. '말똥피하기'는 특별한 기술보다는 체력과 인내를 요구하는 고된 육체노동이었습니다.

역사적으로 'Groom of the Stool'이라는 용어로 영국 국왕의 개인 위생을 책임지는 직업이 있었지만, 도시 거리에서 말똥을 치우는 일과는 직접적인 관련은 없습니다. 다만, 이처럼 배설물 등 불결한 것을 다루는 일은 사회적으로 가장 낮은 지위에 있는 사람들이 맡았다는 공통점을 가집니다. '말똥피하기'를 포함하여 말과 마차 관련 육체노동에 종사했던 사람들은 대부분 농촌에서 도시로 이주한 농부, 일용직 노동자, 혹은 최하층 빈곤층 출신이었습니다. 그들은 사회경제적으로 매우 불리한 상황에 있었기에, 힘들고 보수가 적더라도 가족의 생계를 유지하기 위해 이 일자리를 선택하고 필사적으로 지키려 했습니다. 당시 대도시의 거리를 뒤덮은 말똥은 단순한 환경 문제만을 의미하는 것이 아니라, 산업화 이전 또는 초기에 기술 발전의 혜택을 제대로 누리지 못하고 도시의 가장 고된 일자리에 매달려야 했던 수많은 사람들의 고단한 삶과 사회적 불평등을 상징적으로 보여주는 풍경이었습니다.

제1차 산업혁명과 자동차의 등장:
'말똥 재앙'의 해결과 일자리 지형의 변화

19세기 말, 뉴욕 거리가 1,000톤의 말똥에 파묻히는 절망적인 상황 속에서 영국의 유력 일간지 '더 타임스'는 "말똥 재난이 닥쳐온다"고 경고하며, 향후 50년 안에 런던 거리가 3미터 깊이의 말똥에 파묻힐 것이

Framed Canvas Art Stock market crash, New York, 1929 on October 29, 1929

라는 예측을 내놓았습니다. 당시 마차 산업은 여전히 번성했으나, 도시의 오물 문제는 도무지 해결될 기미가 보이지 않았습니다. 그 누구도 이 거대한 문제에 대해 뾰족한 대책을 제시하지 못했습니다.

하지만 이 절망적인 예측과는 전혀 다른 방향에서 해결책이 나타났습니다. 바로 독일의 칼 벤츠와 고트리프 다임러가 개발한 '말 없이 움직이는 운송수단', 즉 자동차였습니다. 자동차의 등장은 처음에는 일시적으로 유행할 '장난감' 정도로 평가되었지만, 이 새로운 발명품은 예상치 못한 방식으로 도시의 '말똥 재앙'을 근본적으로 해결했습니다. 마차가 도시에서 사라진 것은 말이 부족해서가 아니라, 자동차가 훨씬 효율적이고 위생적인 대체 수단으로 등장했기 때문이었습니다.

자동차의 탄생은 마부와 '말똥 지기'라는 직업의 소멸을 의미했습니다. 수십만 마리의 말이 도시에서 자취를 감추며, 이와 관련된 수많은 일자리도 함께 사라졌습니다. 이는 기술 발전이 기존 일자리를 어떻게 무너뜨리는지를 보여주는 대표적인 사례입니다.

그러나 기술 발전은 동시에 새로운 일자리를 창출하기도 했습니다. 자동차는 운전기사, 정비사라는 새로운 직업을 탄생시켰고, 초창기에는 운전기사 옆에서 깃발로 신호를 주는 조수 역할이 필요했습니다. 또한 자동차 산업의 발전으로 석유 시추, 정제, 판매, 타이어 및 부품 제조, 도로 건설 등 전후방 연관 산업이 폭발적으로 성장하며, 이 분야에서 엄청난 수의 일자리가 새로 만들어졌습니다. 제1차 산업혁명이 증기기관과 기계화를 통해 생산 방식을 바꿨다면, 자동차는 운송과 이동 방식을 바꾸면서 일자리의 지형을 근본적으로 재편한 중요한 사례입니다.

하지만 새로운 기술과 산업의 등장은 미국과 유럽 사회에 또 다른 사회적 문제를 야기했습니다. 자동차는 전 세계 석유 소비량의 상당 부분을 차지하며, 이는 곧 대기 오염과 환경 문제로 이어졌습니다. 또한 자동차 사고로 인한 인명 피해는 과거 말똥 문제와는 비교할 수 없는 사회적 비용으로 전가되었습니다. 19세기 말이 배설했던 말똥보다 훨씬 광범위하고 심각한 환경 오염과 안전 문제로 인해 현대 사회의 자동차에 대한 시각은 다시 변화하고 있습니다.

이는 기술 발전이 끊임없이 새로운 문제를 낳으며, 또 다른 해결책을 필요로 한다는 점을 시사합니다. 그래서 등장한 현대의 해법이 배터리 전기차를 통한 대기오염 감소, 자율주행 기술을 통한 교통사고 예방, 그리고 공유 경제를 통한 차량 및 인프라의 효율적 사용입니다. 기술 발전과 그로 인한 문제, 그리고 새로운 기술을 통한 문제 해결 시도는 발명가와 국가, 시민이 함께 문제를 해결해 나가는 역사의 반복되는 패턴임을 보여줍니다.

1886년 7월 공개 특허 등록한 칼 벤츠가 만든 내연기관 자동차

**기계에 대한 저항:
러다이트 운동 - 제1차 산업혁명의 어두운 그림자**

제1차 산업혁명은 생산성의 폭발적인 증가를 가져왔지만, 그 변화

가 모두에게 축복이었던 것은 아닙니다. 기술 발전이 기존 일자리를 파괴하는 과정은 종종 극심한 고통과 사회적 갈등을 수반했습니다. 19세기 초(1811년~1817년) 영국에서 발생한 러다이트 운동(Luddite Movement)은 이러한 고통의 상징입니다.

당시 영국의 대표적인 산업이었던 양모 산업은 숙련된 장인들이 공장이나 작업장에 모여 손으로 직물을 짜는 수공업 방식이 주를 이뤘으며, 제품의 품질도 장인의 기술에 크게 의존했습니다. 그러나 산업혁명의 결과로 증기기관의 개량과 기계 직조기의 보급이 확산되면서 상황은 급변했습니다. 기계는 수공업보다 훨씬 빠르고 대량으로 직물을 생산할 수 있었으며, 숙련된 기술 없이도 일정 수준 이상의 품질을 유지할 수 있었습니다.

이러한 변화는 수공업 장인들에게 직접적인 위협이었습니다. 기계를 도입한 공장들은 비싼 임금을 주고 숙련공을 고용하는 대신, 저렴한 임금의 비숙련공, 심지어 여성과 5~6세 어린이까지 대규모로 고용하여 기계를 돌렸습니다. 기계가 생산의 중심이 되면서 수공업 장인의 가치는 급격히 하락했고, 대부분의 수공업자들은 일자리를 잃거나 도시 빈민층이나 공장 노동자로 전락했습니다. 그들의 권익을 보호해주던 길드(Guild) 역시 시대의 변화에 뒤처지며 약화되어 결국 사라졌습니다. 상인과 숙련공이 주도하던 공장제 수공업 시대가 저물고, 소수의 자본가가 기계를 소유하고 대규모의 비숙련 노동자를 고용하여 대량 생산하는 기계제조공업 시대로 전환된 것입니다.

이 시기 영국은 급격한 인구 증가와 인클로저 운동(Enclosure Movement)[1]으로 인해 도시에 일할 곳을 찾아 몰려든 잉여 노동력이 넘쳐났습니다. 자본가들은 생존의 위기에 처한 도시 빈민들의 절박함을 이용해, 쥐꼬리만 한 임금에 하루 12시간이 넘는 장시간 노동을 강요했습니다. 그 결과, 자본가들은 엄청난 부를 축적해 부르주아 귀족 계층으로 부상했고, 노동자들은 하루 15~16시간씩 일해도 기본적인 생활조차 영위하지 못하는 푼돈밖에 벌지 못했습니다. 산업재해를 당해도 제대로 치료받지 못하고 공장에서 쫓겨나는 일이 흔했고, 나폴레옹 전쟁으로 인한 불황까지 겹치면서 일자리를 잃고 거리로 내몰리는 실업자가 급증했습니다.

러다이트 운동은 이러한 상황에 대한 절박한 저항이었습니다. 노동자들은 기계가 자신들의 일자리를 빼앗고, 생계를 위협하며, 전통적인 생산 방식과 공동체를 파괴한다고 믿었습니다. 그들의 목표는 기계를 파괴하고 공장 시스템을 거부함으로써 자신들의 일자리와 권리를 되찾는 것이었습니다. 러다이트 운동은 비록 역사의 흐름을 되돌리지는 못했지만, 기술 발전이 가져오는 일자리 파괴와 그로 인한 노동자 계층

---

1 인클로저 운동(Enclosure Movement)이란, 잉글랜드에서 일어난 사회 변화 현상으로, 우리말로 하자면 '울타리 치기 운동'이라고 할 수 있습니다. 소유가 애매한 공유지나 경계가 모호한 사유지 사이에 가축이 도망가지 못하도록 울타리를 쳐서 자신의 영역을 명확히 확인하고 자산으로 만든 현상을 의미합니다.

러다이트 운동

의 고통, 그리고 심화되는 사회적 불평등에 대한 강력한 경고이자 인간적인 절규였습니다. 이는 기술 발전이 사회 구성원 모두에게 혜택이 돌아가도록 사회적·정책적 노력이 반드시 병행되어야 함을 보여줍니다.

제2차 산업혁명:
대량 생산 시스템과 새로운 산업의 탄생

19세기 중후반부터 20세기 초반에 걸쳐 일어난 제2차 산업혁명은 1차 산업혁명의 성과를 기반으로 산업 구조와 사회 전반을 더욱 혁신적으로 변화시켰습니다. 이 시기는 과학적 발견이 산업에 직접 적용되고, 표준화와 대량 생산 시스템이 확립되면서 산업화가 비약적으로 발전한 시기였습니다.

제2차 산업혁명의 핵심 키워드는 전기의 발명과 활용입니다. 전기는 공장에 동력을 공급하고 생산 공정을 자동화하는 데 사용되어, 새로운 생산 과정을 만들었습니다. 특히 전기를 이용한 생산 라인(Assembly Line) 구축은 이 시기의 가장 중요한 변화 중 하나입니다. 1차 산업혁명에서 기계를 도입해 생산성을 높였다면, 2차 산업혁명에서는 전기를 동력으로 하는 기계들을 생산 라인에 연결하여 각 노동자가 특정 작업만 반복하도록 하여 훨씬 효율적인 대량 생산이 가능해졌습니다. 이는 단일 제품을 대규모로 저렴하게 생산할 수 있게 하여 소비재 시장의 확대로 이어졌습니다.

대량 생산 시스템은 1차 산업혁명 시기의 숙련공 몰락을 가속화했지만, 동시에 노동력에 대한 새로운 수요를 창출하여 고용 증대 효과를 가져왔습니다. 생산 라인에 투입될 수많은 노동자가 필요했고, 공장의

규모가 커지면서 관리직과 사무직 등 새로운 종류의 일자리도 생겨났습니다.

또한 2차 산업혁명 시기에는 새로운 소재와 부품 산업이 폭발적으로 등장했습니다. 철강 생산 기술의 발전과 함께 새로운 합금, 플라스틱 등 합성 소재의 등장은 화학 산업의 발전을 이끌었고, 석유가 중요한 에너지원으로 부상하며 석유 산업이 발전했습니다. 전기의 발명은 전력 생산, 송배전, 가전제품 생산 등 전기 관련 산업의 탄생을 이끌었고, 자동차 산업 역시 이 시기에 대량 생산 체제(포드 T형 모델)를 갖추며 본격적으로 성장했습니다. 이러한 새로운 산업의 등장은 과거에는 상상할 수 없었던 완전히 새로운 형태의 일자리를 대규모로 만들어냈습니다.

제2차 산업혁명은 생산 기술과 전기의 발명으로 에너지원의 변화를 이끌며, 산업 구조의 무게 중심을 농업과 경공업에서 중공업과 화학, 전기 산업으로 이동시켰습니다. 이는 직업 구조와 일자리 환경에도 막대한 영향을 미쳤습니다.

**제2차 산업혁명이 가져온 일자리와 사회 변화:
도시화와 노동의 분화**

제2차 산업혁명은 생산 시스템의 변화와 더불어 사회 전반에 걸쳐 광범위한 변화를 일으켰으며, 이는 직업 구조에도 복잡하고 다층적인 영향을 미쳤습니다.

가장 두드러진 변화 중 하나는 도시화의 심화였습니다. 공장이 도시 지역에 집중되면서 농촌에 있던 수많은 사람들이 일자리를 찾아 도시로 대규모로 이동했습니다. 우리나라도 경제개발 5개년 계획에 따른 산업화 정책으로 1970년대에 농촌에서 도시로 이동하는 젊은이가 크게 증가했던 시기를 연상할 수 있습니다. 이로 인해 농업 일자리는 상대적으로 감소했지만, 도시는 공장 노동자를 중심으로 하는 새로운 형태의 노동 시장이 형성되었습니다. 도시는 인구가 밀집하고 산업 시설이 집중되면서 경제 활동의 중심지로 부상했고, 이는 다양한 직업의 등장을 촉진했습니다.

기존의 수작업 중심 생산에서 기계화된 대량 생산 체계로의 전환은 노동의 분화를 심화시켰습니다. 생산 라인에서는 각 노동자가 매우 세분화되고 반복적인 작업만을 수행했습니다. 이는 과거 장인의 숙련된 기술이 아니라, 주어진 매뉴얼에 따라 정확하고 빠르게 작업하는 능력이 중요해졌음을 의미합니다. 이로 인해 공장 노동자의 수요가 폭증했으며, 이들은 2차 산업혁명 시대 노동자 계층의 주류가 되었습니다. 동시에 복잡해진 기계를 유지·보수하고 효율적인 생산 시스템을 관리하기 위한 새로운 전문 직업들도 필요하게 되었습니다. 기계 조작사, 전기 기술자, 화학자, 공학자 등 기술 과학 기반의 전문직이 중요해졌으며, 이들은 산업 발전의 핵심 동력이 되었습니다.

제2차 산업혁명은 농업과 제조업뿐 아니라 서비스 산업의 성장도 이끌었습니다. 도시화로 인한 도심 인구의 증가는 의식주 해결을 위한 다양한 서비스 수요를 폭발적으로 증가시켰습니다. 소매업, 식당, 숙박업, 금융업, 교육, 의료 등 도시 생활에 필수적인 서비스 부문에서 대규모 일자리가 만들어졌습니다. 이는 제조업에 집중되었던 일자리 창출이 서비스 부문으로 확산되는 계기가 되었으며, 현대 사회에서 서비스 산업이 차지하는 비중이 커지는 시작점이 되었습니다.

새로운 기술과 직업의 등장은 기존 교육 체계에도 근본적인 변화를 요구했습니다. 수공업 시대의 도제[2] 시스템이나 인문학 중심의 교육만으로는 새로운 산업 현장에서 요구하는 기술적 역량을 충족시킬 수 없었습니다. 기술 중심의 교육이 강조되면서 공학, 기술 분야의 대학과 직업 교육이 중요해졌고, 실습과 현장 경험을 중시하는 교육 산업이 부상했습니다. 산업 현장에서 요구하는 전문 분야에 대응하기 위해 교육 체계의 조정이 일어나는 시기였습니다.

2차 산업혁명은 농업 중심 사회에서 제조업 및 서비스업 중심 사회로의 전환을 가속화했으며, 이러한 변화는 직업 구조를 새롭게 정립하

---

2 도제시스템 (Apprenticeship system): 숙련된 전문가와 제자사이의 직접적인 관계를 통해 기술과 지식을 전수하는 교육방식

고 개인이 미래 직업 환경에 적응하기 위한 학습 능력을 키우는 것이 중요해졌음을 시사했습니다.

제3차 산업혁명:
디지털 시대의 도래와 정보화 사회의 일자리 재편

　20세기 후반에 시작되어 21세기에 들어 중추적인 역할을 하게 된 제3차 산업혁명은 아날로그 세계에서 디지털 세계로의 대전환을 의미합니다. 컴퓨터, 인터넷, 정보통신 기술의 발전을 중심으로 하는 이 혁명은 생산과 관리의 패러다임을 완전히 변화시켰으며, 현재 40대에서 60대 세대에게는 현실에서 체감되는 기술 변화의 혁명으로 받아들여지고 있습니다. 대한민국은 대표적인 3차 산업혁명 선도 국가이기도 합니다.
　제3차 산업혁명의 가장 큰 특징은 정보기술(IT)의 도입과 확산입니다. 컴퓨터는 단순 계산을 넘어 정보의 저장, 처리, 분석, 통신을 가능하게 하며 산업 전반의 효율성을 혁신적으로 높였습니다. 인터넷은 시간과 공간의 제약을 넘어 정보와 사람을 연결하였고, 이는 글로벌화와 서비스 산업의 성장을 더욱 가속화했습니다. 또한 이 시기에는 로봇공학 기술이 발전하여 제조업 현장에서 인간 노동자를 대체하는 자동화가 본격적으로 시작되었습니다. 빅데이터, 클라우드 컴퓨팅, 사물인터넷(IoT) 같은 기술들은 3차 산업혁명 후반부를 특징짓는 혁신으로, 4차 산업혁명의 근간을 이루며 기존 산업과 사회 전반에 걸쳐 혁명적인 영향을 미치기 시작했습니다.

이러한 기술 발전은 일자리 환경에 복합적이고 다양한 영향을 미쳤습니다.

자동화에 의한 일자리 변화:

컴퓨터와 로봇 기술의 발전으로 반복적이고 규칙적인 업무는 자동화의 주요 대상이 되었습니다. 제조업 현장에서의 조립, 용접 등의 업무뿐만 아니라, 사무직의 데이터 입력, 문서 처리, 단순 고객 응대와 같은 노동집약적인 업무도 자동화 시스템이나 소프트웨어에 의해 대체되기 시작했습니다. 이로 인해 일부 전통적인 직업, 특히 중간 숙련도의 사무직이나 생산직 일자리가 감소하는 현상이 나타나기 시작했습니다.

디지털 기술과 새로운 직업의 창출:

반면, 제3차 산업혁명은 완전히 새로운 형태의 직업을 대규모로 만들어냈습니다. 컴퓨터 프로그래머, 소프트웨어 개발자, 네트워크 엔지니어, 시스템 분석가 등 정보기술 분야 전문가에 대한 수요가 폭발적으로 증가했습니다. 웹 디자이너, 디지털 콘텐츠 제작자 등 인터넷 기반의 새로운 직업도 등장했습니다. 또한, 빅데이터 분석가, 클라우드 아키텍트, 정보 보안 전문가 등 IT와 관련된 전문 분야가 더욱 세분화되고 중요성이 커지면서 이 분야의 전문가 수요는 현재까지도 증가하고 있습니다.

직업 교육과 전문성의 중요성:

3차 산업혁명의 직업적 변화에 대응하기 위해서는 기존 직업의 업무 역량을 강화하는 것에 그치지 않고, 새롭게 등장하는 기술과 도구에 대한 이해와 습득이 필수적이 되었습니다. 컴퓨터 활용 능력, 소프트웨어 조작 능력, 정보 검색 및 분석 능력 등 디지털 리터러시가 기본 소양이 되었고, 특정 디지털 기술에 대한 전문성은 높은 시장 가치를 갖게 되었습니다. 대학 교육뿐만 아니라 평생 교육 시스템을 통해 끊임없이 새로운 기술을 배우고 기존의 지식을 업데이트하는 것이 개인 경력 관리에서 중요해진 시기가 도래했습니다.

제3차 산업혁명은 물리적인 생산을 넘어서 정보와 지식을 다루는 것이 경제 활동의 중요한 축이 되는 정보화 사회를 열었습니다. 자동화로 인한 일부 일자리의 감소와 디지털 기술 기반의 새로운 일자리 창출이라는 변화는 기존 직업 구조를 혁신적으로 변화시켰으며, 개인에게는 기술 변화에 대한 높은 적응력과 지속적인 학습 능력의 중요성을

국산 1호 현대자동차 포니 자동화 도입으로 로봇이 자동차 생산모습

요구했습니다.

제4차 산업혁명과 인공지능의 충격: 전례 없는 자동화와 일자리 패러다임의 전환

21세기에 접어들면서 우리는 제3차 산업혁명의 연장선이자 더욱 가속화된 형태인, 2016년 1월 스위스 다보스 세계경제포럼(WEF)에서 클라우스 슈밥 회장이 공식 선언한 '제4차 산업혁명' 시대에 살고 있습니다. 제4차 산업혁명은 인공지능(AI), 자동화, 사물인터넷(IoT), 빅데이터, 클라우드 컴퓨팅, 블록체인 등 다양한 첨단 기술들이 서로 융합하고 연결되며 산업, 기업, 사회 전반에 걸쳐 혁명적인 변화를 일으키고 있습니다.

제4차 산업혁명의 가장 큰 특징은 인공지능과 자동화 기술의 발전입니다. 기계 학습(Machine Learning)과 딥러닝(Deep Learning) 기반의 인공지능은 과거 인간만이 할 수 있다고 여겨졌던 복잡한 인지 작업까지 수행할 수 있게 되었고, 업무 자동화와 의사결정의 지능화를 가능하게 만들고 있습니다. 또한, 사물인터넷과 빅데이터 기술은 현실 세계와 디지털 세계를 연결하여 방대한 데이터를 수집·분석함으로써 새로운 비즈니스 모델과 서비스를 창출하고 있습니다.

이러한 4차 산업혁명의 핵심 기술들은 일자리 환경에 빠르고 광범위한 변화를 불러오고 있음을 우리는 실감하고 있습니다.

자동화에 의한 일자리 변화의 가속화:

제4차 산업혁명 시기의 자동화는 단순 반복적 육체노동뿐 아니라 예측 가능하고 규칙적인 인지 업무까지 빠르게 대체하고 있습니다. 예를 들어, 콜센터 상담사의 일부 역할이 챗봇과 AI 음성 비서로 대체되고, 데이터 분석, 보고서 작성, 간단한 법률 문서 검토 등도 AI 기술의 도움을 받거나 AI 시스템에 의해 직접 수행되고 있습니다. 생산성은 비약적으로 향상되지만, 일부 전통적 서비스업, 사무직, 고도화된 제조업 분야의 노동 집약적 직업은 감소 압력을 받고 있습니다. 과거 '말똥 지기'가 자동차에 의해 사라졌듯, 오늘날에는 특정 사무직이나 단순 생산직이 AI와 로봇에 의해 대체되기 시작했습니다.

디지털 기술 전문가의 수요 폭발적 증가:

제4차 산업혁명은 동시에 완전히 새로운 영역의 직업을 창출하고 있습니다. 인공지능 시스템을 개발·관리하는 AI 엔지니어, 방대한 데이터를 분석하고 활용 전략을 수립하는 데이터 과학자, IoT 솔루션을 설계·구현하는 사물인터넷 전문가, 클라우드 시스템을 구축·운영하는 클라우드 아키텍트, 인공지능 윤리 전문가, 프롬프트 엔지니어 등 디지털 기술에 특화된 고숙련 전문가에 대한 수요가 전례 없이 증가하고 있습니다. 이러한 직업들은 높은 수준의 전문 지식과 기술 역량을 요구합니다.

창의성과 상호교감 등 인간 고유의 역할 강조:

자동화가 규칙적이고 예측 가능한 업무를 대체하면서, 인간만이 할 수 있는 고유 역량의 중요성도 부각되고 있습니다. 창의성, 비판적 사고, 복잡한 문제 해결, 공감 능력, 협업 능력, 예술적 감수성 등 인간적 역량에 기반한 업무는 자동화하기 어렵습니다. 따라서 예술가, 디자이너, 심리상담사, 의료 전문가(진단은 AI가 도와도 환자와의 상호작용은 인간 역할), 교육자, 연구원, 전략 기획자 등 창의성과 감성 지능, 복잡한 판단 및 소통 능력이 중요한 직업은 미래에도 그 가치가 더욱 커질 것으로 예상됩니다. 일자리 패러다임이 '무엇을 얼마나 빠르게 반복하는가'에서 '무엇을 새롭고 복잡하게 해결하고, 어떻게 타인과 상호작용하는가'로 이동하고 있음을 시사합니다.

**AI 등장과 일자리 변화의 구체적 양상:
긍정적 기회와 부정적 위협**

인공지능(AI)은 제4차 산업혁명의 핵심 동력으로, 다양한 산업과 직업에 직접적이고 구체적인 변화를 가져오고 있습니다. 이러한 변화는 긍정적인 기회와 동시에 심각한 위협을 모두 내포하고 있습니다.

긍정적인 변화는 다음과 같습니다.

생산성 및 효율성 향상:
AI는 대규모 데이터 분석, 복잡한 패턴 인식, 정확한 예측 등을 통해 업무 프로세스를 최적화하고 생산성을 획기적으로 향상시킵니다. 이는 기업의 경쟁력을 높이고 새로운 가치 창출을 가능하게 합니다.

새로운 직업 및 산업 창출:
AI 자체를 개발하고 유지하는 직업군(AI 연구원, AI 엔지니어, 머신러닝 전문가 등)은 물론, AI 기술을 다양한 산업에 적용하고 활용하는 과정에서 완전히 새로운 직업과 산업(AI 기반 의료 진단 서비스, 자율주행 택시 운영 관리, 맞춤형 교육 플랫폼 개발 등)이 등장하고 있습니다.

의사결정 지원 및 능력 강화:
AI는 빅데이터 분석을 통해 복잡한 문제에 대한 통찰을 제공하고, 인간의 의사결정 과정을 지원하며, 특정 분야 전문가(의사, 변호사, 금융 전문가 등)의 능력을 보완하고 강화하는 도구로 활용될 수 있습니다.

이를 통해 더 빠르고 정확하며 효율적인 의사결정을 내릴 수 있도록 돕습니다.

인간의 한계 극복:

AI와 로봇은 인간이 수행하기에 위험하거나 힘든 작업(재난 구조, 심해 탐사, 유해 물질 처리 등)을 대신하거나 보조하며, 인간의 물리적·인지적 한계를 확장하는 데 기여할 수 있습니다.

반면에 부정적인 변화는 다음과 같습니다.

일자리 소멸 및 대체 가속화:

AI는 반복적이고 예측 가능한 업무를 인간보다 빠르고 정확하며 저렴하게 수행할 수 있습니다. 이로 인해 제조업 생산 라인 노동자, 데이터 입력원, 단순 사무직원, 텔레마케터, 창고 관리자, 장거리 트럭 운전사 등 다양한 분야의 직업이 위협받고 있습니다. 특히 중간 숙련도의 정형화된 업무를 수행하는 직업들이 가장 큰 위험에 노출되어 있습니다.

기술 격차 심화 및 사회적 불평등 확대:

AI 기술에 접근하거나 이를 효과적으로 활용할 수 있는 능력을 갖춘 사람들은 그렇지 못한 사람들에 비해 더 높은 생산성과 소득을 올릴 가능성이 큽니다. 이는 이미 존재하는 교육 및 소득 격차를 더욱 벌려 사회적 불평등을 심화시킬 수 있으며, 기술 변화에 뒤처진 사람들은 새로운 일자리로 이동하기 어렵고 저임금·불안정 일자리로 내몰릴 위험이 커집니다.

윤리적 딜레마 및 책임 문제:
자율주행차 사고의 책임 소재, AI 기반의 편향된 결정(고용, 대출 등), AI 무기 개발과 같은 윤리적 문제들이 발생하고 있습니다. AI 시스템의 의사결정 과정을 투명하게 만들고 책임 소재를 명확히 하는 것이 중요한 과제로 부상하고 있습니다.

보안 및 프라이버시의 문제도 있습니다. AI는 학습과 기능 수행을 위해 대량의 데이터를 수집하고 분석합니다. 이 과정에서 개인정보가개인 정보가 유출되거나 오용될 위험이 있으며, 대규모 감시 시스템이나 프로파일링에 악용될 가능성도 존재합니다. AI의 발전은 개인정보개인 정보 보호와 관련된 새로운 윤리적, 법적 도전을 야기합니다.

따라서 AI의 등장이 가져오는 일자리 변화에 효과적으로 대비하기 위해서는 교육 체계의 근본적인 개선과 모든 사회 구성원을 위한 평생 학습 시스템의 강화가 필수적입니다. 빠르게 소멸하거나 새롭게 등장하는 직업에 대한 맞춤형 훈련 및 재교육 프로그램을 확충하는 일도 시급합니다. 또한 AI 기술의 윤리적 사용을 위해 가짜뉴스 처벌 규정과 같은 법적 규제, 사회적 가이드라인을 마련해야 하며, 기술 발전의 혜택이 소수에게만 집중되지 않고 사회 전체에 고루 분배될 수 있도록 하는 정책적 노력도 반드시 필요합니다.

# 기술 발전과 양극화 문제의 심화
반복되는 패턴과 현재의 위협

제1차 산업혁명 시기 러다이트 운동에서 보았듯이, 기술 발전은 역사적으로 언제나 일자리와 소득의 양극화 문제를 야기해왔습니다. 숙련된 장인들이 저임금 비숙련 노동자로 대체되고 자본가가 부를 독식했던 19세기의 패턴은 20세기 후반 3차 산업혁명을 거쳐 21세기 4차 산업혁명 시대에 이르러 더욱 복잡하고 심각한 형태로 반복되고 있습니다.

기술 발전은 종종 '기술적 실업(Technological Unemployment)'을 유발합니다. 이는 인간이 수행하던 업무를 기계나 소프트웨어가 대체하면서 발생하는 실업을 의미합니다. 제1차 산업혁명 시기에는 수공업 노동자가 기계에 의해 대체되었고, 2차 산업혁명 시기에는 농업 노동자가 공장 노동자로 이동했으며, 3차 산업혁명 시기에는 일부 사무직과 생산직 노동자가 컴퓨터와 자동화 시스템에 의해 대체되었습니다. 4차 산업혁명과 AI 시대에는 그 속도와 범위가 더욱 빨라져, 과거에는 안전하다고 여겨졌던 전문직이나 서비스직의 일부 업무까지도 AI에 의해 자동화될 가능성이 커지고, 실제로 이미 시작되고 있습니다.

이러한 일자리 변화는 직접적으로 극심한 소득 양극화로 이어집니다. 기술 발전은 '기술과 상호 보완적인 고숙련 노동'에 대한 수요와 가치를 높이는 경향이 있습니다. AI를 개발하고 활용하며 복잡한 문제를 해결하는 능력을 가진 소수의 고숙련 인력(예: AI 엔지니어, 데이터 과학자, 고급 관리자, 전문직)은 높은 임금을 받고 막대한 부를 축적할 가능성이 커집니다. 반면 기술에 의해 대체되기 쉬운 단순 반복 업무나, AI가 아직 대체하기 어려운 저숙련 대면 서비스 업무(예: 청소, 경비, 단순 요식업)는 임금 상승 여력이 제한적이거나 오히려 감소 압력을 받습니다.

특히 과거 중간 숙련도로 안정적인 소득을 보장했던 많은 사무직이나 생산직 일자리('중간 계층 일자리')가 자동화와 해외 이전으로 줄어들면서, 일자리 구조는 고숙련-고임금 직업과 저숙련-저임금 직업 중심으로 재편되는 '일자리 양극화(Job Polarization)' 현상이 심화되고 있습니다.

이러한 현상은 곧 소득 양극화로 직결됩니다. 소수의 기술 수혜자와 자본 소득자는 더 부유해지고, 대다수의 저숙련 노동자는 불안정한 고용과 낮은 임금에 시달리며 소득 격차가 더욱 벌어집니다. 기술 격차는 교육 및 학습 기회의 격차로 이어지고, 다시 소득 격차를 심화시키는 악순환을 낳습니다. '승자 독식' 구조가 강화되면서 사회 전체의 생산성은 증가하더라도 그 성과의 분배는 불공정해지고, 이는 사회 통합을 저해하며 계층 간 갈등을 심화시키는 원인이 됩니다.

19세기 러다이트 운동가들이 느꼈던 생존의 위협과 불평등에 대한 분노는, 21세기 기술 발전의 그늘 아래서 다시 한 번 고개를 들고 있습니다.

기술 발전 시대, 우리 사회가 직면한 과제와 대응 방향

우리는 지금 인류 역사상 가장 빠른 기술 변화의 시대를 살아가고 있습니다. 4차 산업혁명과 인공지능의 등장은 우리의 일자리, 경제, 사회 구조 전반에 전례 없는 변화를 가져오고 있습니다. 이러한 변화가 모두에게 축복이 되려면, 기술 발전의 긍정적인 측면을 극대화하고 부정적인 영향을 최소화하기 위한 사회 전체의 적극적인 노력이 필요합니다. 과거 러다이트 운동가들이 기계를 파괴하며 저항했던 것은 변화 자체를 막으려 했던 절박한 시도였습니다. 현대 사회에서 기술 발전을 거부하는 것은 불가능할 뿐만 아니라 바람직하지도 않습니다. 우리가

해야 할 일은 기술 발전의 방향을 공동선에 맞게 이끌고, 그 혜택이 사회 구성원 모두에게 공정하게 돌아가도록 시스템을 재설계하는 것입니다.

기술 발전 시대에 우리 사회가 직면한 핵심 과제는 '일자리 변동성 증대'와 '양극화 심화'입니다. 이에 대응하기 위한 우리 사회의 과제와 대응 방향은 다음과 같습니다.

첫째, 교육 시스템의 근본적인 혁신과 평생 학습 체제 구축이 시급합니다. 더 이상 특정 지식이나 기술만으로는 평생을 살아가기 어렵습니다. 미래 사회는 끊임없이 새로운 것을 배우고 기존 지식을 융합하며 변화에 적응하는 능력을 요구합니다. 학교 교육은 단순 암기식 교육에서 벗어나 문제 해결 능력, 비판적 사고력, 창의력, 협업 능력, 디지털 리터러시,[3] 그리고 인공지능 및 데이터에 대한 기본적인 이해를 키우는 방향으로 나아가야 합니다. 더 나아가 전 국민을 대상으로 하는 포괄적인 평생 학습 시스템을 구축해야 합니다. 정부와 기업, 교육기관은 개인이 언제든지 필요한 시기에 새로운 기술을 배우고 기존 역량을 강화할 수 있는 재교육 및 직업 전환 프로그램을 대규모로 제공해야 합니다. 학습은 이제 학교 졸업과 함께 끝나는 것이 아니라, 전 생애에 걸쳐 지속되어야 하는 필수적인 활동이 되었습니다.

3 　디지털 리터러시(Digital literacy) : 디지털 플랫폼의 다양한 미디어를 접하면서 정확한 정보를 찾고, 평가하고 조합하는 개인의 능력

둘째, 새로운 일자리 창출을 위한 산업 구조의 전환과 지원이 필요합니다. 자동화로 인해 사라지는 일자리가 있다면, 기술 발전으로 인해 새롭게 만들어지는 일자리도 반드시 존재합니다. AI 개발 및 유지보수, 데이터 과학, 사이버 보안, 신재생에너지, 스마트 헬스케어, 맞춤형 서비스, 콘텐츠 창작 등 미래 유망 분야에 대한 투자를 확대하고, 관련 산업 생태계를 조성하여 새로운 일자리 창출을 적극 촉진해야 합니다.

또한, 인간 고유의 역량이 중요한 돌봄, 예술, 상담 등 휴먼 서비스 분야의 가치를 재조명하고 관련 일자리를 확대하는 노력도 필요합니다. 정부는 신산업 육성을 위한 규제 완화와 인프라 구축을 추진해야 하며, 기존 산업 노동자들이 새로운 분야로 원활하게 이동할 수 있도록 재교육 및 직업 전환 지원 정책을 병행해야 할 것입니다.

양극화 해소를 위한 사회 안전망 강화 및 재설계

기술 발전이 가져오는 일자리 변동성과 양극화 심화에 효과적으로 대응하기 위해서는 강력하고 유연한 사회 안전망 구축이 필수적입니다. 과거와 같은 전통적인 고용 형태가 줄어들고 불안정한 일자리가 늘어나는 상황에서, 개인이 최소한의 인간다운 삶을 유지하고 새로운 변화에 도전할 수 있도록 사회적 기반을 마련하는 일은 우리 모두가 논의하고 합의해야 할 시대적 과제입니다.

첫째, 소득 보장 시스템의 강화 및 재설계가 필요합니다. 실업, 질병, 산업 구조 변화 등으로 인해 일시적 또는 장기적으로 소득이 단절되는 상황에 대비하여 고용보험, 실업수당 등 전통적인 사회 보험 제도를 강화하고 적용 범위를 확대해야 합니다. 더 나아가, 기술 발전으로 인한 대규모 실업 가능성이나 소득 불균형 심화에 대한 근본적인 대응책으로 기본소득(Basic Income) 도입에 대한 진지한 논의와 사회적 합의 과정이 필요합니다. 기본소득은 모든 국민에게 최소한의 소득을 보장함으로써 인간다운 삶을 위한 경제적 기반을 마련하고, 급격한 변화 속에서도 개인이 새로운 기회를 탐색하거나 필요한 재교육을 받을 수 있는 시간적, 경제적 여유를 제공하는 강력한 사회 안전망이 될 수 있습니다. 물론 기본소득 도입에는 막대한 재원 확보, 기존 복지 제도와의 관계 재정립, 사회적 합의 도출 등 해결해야 할 과제가 많지만, 기술 발전 시대의 양극화 문제에 대한 중요한 정책적 대안으로 반드시 심도 있게 검토되어야 합니다.

둘째, 보편적인 사회 서비스의 확충이 중요합니다. 교육, 의료, 주거 등 기본적인 삶의 질을 결정하는 필수적인 서비스에 대한 공적 지원을 강화하고 접근성을 높여야 합니다. 소득 수준과 관계없이 모든 국민이 양질의 교육과 의료 서비스를 누릴 수 있도록 하며, 안정적인 주거 환경을 보장하는 것은 소득 불평등으로 인한 삶의 격차를 완화하고 계층

이동성을 높이는 데 중요한 정책입니다. 이러한 보편적 사회 서비스는 기술 발전으로 인한 불안정 속에서도 개인이 기본적인 삶을 영위하고 자신의 잠재력을 발휘할 수 있도록 하는 든든한 버팀목이 됩니다.

셋째, 노동 시장의 유연성과 안정성 간 균형을 모색해야 합니다. 기술 발전은 노동 시장의 유연성을 높이지만, 이는 곧 고용 불안정으로 이어지기 쉽습니다. 해고와 이직이 잦아지는 환경에서 노동자의 권익을 보호하고, 플랫폼 노동자 등 새로운 형태의 노동자에 대한 법적·제도적 보호 장치를 마련하는 것이 시급합니다. 또한 기업의 사회적 책임을 강화하여 자동화 도입 시 노동 전환 지원 프로그램을 의무화하거나, 기술 발전으로 인한 생산성 향상의 혜택이 노동자에게도 공정하게 분배될 수 있도록 하는 정책적 노력이 필요합니다.

기술 발전의 윤리적, 사회적 규범 마련 및 '공유부'의 확장

기술 발전이 사회에 미치는 영향을 긍정적인 방향으로 이끌기 위해서는 기술 자체의 발전뿐 아니라, 이를 둘러싼 윤리적, 사회적, 법적 규범의 동반 발전이 반드시 필요합니다. 특히 인공지능과 같은 강력한 기술은 오용될 경우 사회적 불평등과 차별을 심화시키거나 인간의 존엄성을 해칠 위험이 있기 때문에 더욱 신중한 접근이 요구됩니다.

첫째, AI 개발 및 활용에 대한 윤리적·법적 규범 마련이 시급합니다. AI 시스템이 편향된 데이터를 학습해 특정 집단을 차별하거나 불공정한 결정을 내리는 것을 방지해야 합니다. 이를 위해 AI의 의사결정 과정에 대한 투명성을 확보하고, 설명 가능성을 높이는 연구와 제도 마련이 필요합니다. 개인정보 보호와 프라이버시 침해 문제를 해결하기 위한 강력한 데이터 보호 규제도 필수적입니다. 아울러 AI 기술의 군사적 활용이나 감시 시스템으로의 악용 가능성에 대해서도 사회적 논의와 통제가 병행되어야 합니다. AI 기술의 발전 속도에 맞춰 관련 법규와 가이드라인을 지속적으로 업데이트하고, 국제적인 공조 체제를 구축하는 것이 중요합니다.

둘째, 기술 발전의 혜택을 사회 전체가 공유하는 방안을 적극적으로 모색해야 합니다. 앞에서 논의했듯이, 기술 발전은 종종 소수의 혁신가나 기업에게 막대한 부를 집중시키는 경향이 있습니다. 그러나 많은 기술 발전은 인류가 축적해 온 지식, 공공 연구 개발 투자, 그리고 사회적 인프라 위에서 이루어진다는 점을 고려해야 합니다. 이러한 관점에서 기술 발전으로 창출된 부와 기회를 '공유부(共有富)'의 개념으로 인식하고, 이를 사회 구성원 모두에게 이로운 방식으로 활용하는 방안을 강구해야 합니다.

예를 들어, 자동화 및 AI 기술 도입으로 발생하는 생산성 향상 이익의 일부를 사회에 환원하여 기본소득 재원으로 활용하거나, 공공 데이터와 AI 모델을 개방해 누구나 접근하고 활용할 수 있도록 함으로써 혁신을 촉진하고 기술 격차를 줄이는 노력이 필요합니다. 또한 앞서 언급된 정여립의 '천하공물설'에 담긴 정신, 즉 "천하의 모든 물건은 공통으로 모두의 것"이라는 인식을 현대적으로 계승하여, 디지털 시대의 새로운 '공유부'를 어떻게 정의하고 관리하며 분배할 것인지에 대한 사회적 논의와 합의가 반드시 필요합니다.

결론: 미래를 향한 적응과 공동의 책임

1880년대 뉴욕 거리를 뒤덮었던 말똥 문제와 '말똥 지기'라는 직업의 등장은 기술 발전이 사회 문제를 야기하고 일자리를 어떻게 만들어내고 사라지게 하는지를 보여주는 대표적인 사례입니다. 자동차의 등장이 이 문제를 해결했지만, 동시에 과도한 탄소배출로 인한 새로운 환경 문제와 안전 문제를 야기했으며, 마부와 '말똥 지기'의 일자리를 소멸시켰습니다. 19세기 러다이트 운동가들의 저항은 기술 발전이 가져오는 일자리 파괴와 그로 인한 인간적 고통, 그리고 자본과 노동 간의 심화되는 불평등에 대한 역사적 경고였습니다.

제2차 산업혁명은 대량 생산 시스템을 통해 새로운 산업과 일자리를 대규모로 창출했지만, 노동의 분화와 도시 빈민 문제라는 또 다른 사회적 과제를 남겼습니다. 3차 산업혁명과 디지털 기술은 정보화 시대를 열고 새로운 형태의 지식 기반 일자리를 만들었으나, 자동화로 인한 중간 숙련 일자리의 감소와 기술 격차 심화라는 양극화의 씨앗을 뿌렸습니다.

이제 우리는 제4차 산업혁명과 인공지능이라는 강력한 기술의 파도 한가운데 서 있습니다. 인공지능은 과거 어느 때보다 빠르고 광범위하게 일자리를 자동화할 잠재력을 갖추고 있으며, 이는 숙련도에 따른 일자리 및 소득 양극화를 더욱 심화시킬 수 있다는 우려를 낳고 있습니다.

그러나 역사는 기술 발전 자체가 문제가 아니라, 그 변화에 사회가 어떻게 적응하고 대응하는가가 더 중요하다는 사실을 보여줍니다. 러다이트 운동처럼 변화를 거부하는 것은 현실적이지도, 바람직하지도 않습니다. 우리가 해야 할 일은 과거의 경험에서 교훈을 얻어, 기술 발전의 긍정적 잠재력을 최대한 활용하고 부정적 영향을 최소화하기 위한 총체적 노력을 기울이는 것입니다.

이를 위해서는 교육 시스템의 근본적 혁신을 통해 모두가 변화하는 환경에 필요한 역량을 갖출 수 있도록 지원하고, 평생 학습을 통해 지속적인 성장을 가능하게 해야 합니다. 또한 새로운 산업과 일자리를 적극적으로 창출·지원하며, 기술 발전으로 인해 소멸하는 일자리에 대한 사회적 완충 장치도 마련해야 합니다. 무엇보다 중요한 것은 기술 발전의 혜택이 소수에게 집중되지 않도록 소득 재분배 정책을 강화하고, 보편적 사회 안전망을 튼튼하게 구축하며, 기술 발전으로 창출되는 '공유부'를 사회 전체의 이익을 위해 활용하는 방안을 모색하는 것입니다. 기본소득과 같은 새로운 정책적 시도도 이러한 맥락에서 진지하게 논의되어야 합니다.

기술 발전은 멈추지 않을 것이며, 일자리의 변천과 그로 인한 사회적 영향 또한 계속될 것입니다. 중요한 것은 이러한 변화의 흐름을 단순히 수동적으로 받아들이는 것이 아니라, 집단적인 지혜와 노력을 통해 기술 발전이 모든 사회 구성원의 삶의 질을 향상시키고, 불평등을 완화하며, 더욱 지속가능하고 정의로운 공동체를 만드는 방향으로 이끌어야 한다는 점입니다. 이는 정부, 기업, 교육기관, 그리고 시민 개개인 모두가 함께 고민하고 실천해야 할 공동의 책임입니다. 440년 전 정여립의 '천하공물설'이 던졌던 모두를 위한 공유와 분배의 정신은, 21세기 기술 발전 시대의 양극화 문제에 맞서 우리가 나아가야 할 방향에 여전히 중요한 시사점을 주고 있습니다. 미래는 예측하는 것이 아니라 만들어가는 것이며, 우리는 지금 그 어느 때보다 적극적으로 우리의 미래를 만들어가야 할 때입니다.

삶의 기본이
무너진 비극적 현실

비극에서 배우는 교훈: 송파 세 모녀 사건과 기본 사회로 향하는 여정

잊을 수 없는 비극, 사회에 묻는 질문

모두가 인간으로서 최소한의 존엄을 지키며 살아갈 수 있는 기반을 마련하는 사회, 즉 기본 사회의 필요성을 가장 처절하게 보여준 사건 중 하나가 바로 2014년에 발생한 '송파 세 모녀 사건'입니다.

2014년 2월, 서울 송파구 석촌동의 단독주택 지하 1층에서 살던 박모 씨와 두 딸이 생활고에 시달리다 극단적인 선택을 한 이 비극은 당시 전 국민에게 큰 충격을 안겨주었습니다. 어머니와 두 딸은 질병과

수입 단절로 고통받고 있었지만, 우리 사회가 갖추고 있던 어떤 사회 안전망으로부터도 도움을 받지 못했던 것으로 알려지면서 복지 시스템의 허점을 여실히 드러냈습니다. 그들이 마지막 순간 남긴 것은 다음 달 집세와 공과금 70만 원, 그리고 "미안하다"는 내용의 짧은 유서뿐이었습니다.

이 사건은 우리 사회 깊숙이 자리 잡은 양극화의 민낯과 복지 사각지대의 심각성을 처절하게 일깨워주었습니다. 왜 도움이 절실한 사람들이 사회 시스템의 보호를 받지 못하고 고립 속에서 절망해야만 하는가라는 질문은 우리 모두에게 무거운 책임감을 던졌습니다. 송파 세 모녀 사건은 우리 사회 안전망의 한계를 드러낸 대표적인 사건으로 기록되며, 더 이상 이러한 비극이 반복되지 않도록 사회 구조적인 문제에 대한 근본적인 성찰과 변화가 시급함을 알리는 경고등이 되었습니다. 이 사건은 우리 사회가 '기본 사회'라는 이상향으로 나아가기 위해 반드시 짚고 넘어가야 할 중요한 이정표가 되었습니다.

비극 이후의 변화: '송파 세 모녀법' 제정의 의미

송파 세 모녀 사건이 사회에 던진 충격파는 매우 강력했습니다. 사건 이후 복지 사각지대에 대한 대중의 관심이 폭발적으로 증가했고,

제도 개선과 법 개정을 요구하는 목소리가 각계각층에서 이어졌습니다. 더 이상 '신청해야만 도와주는' 수동적인 복지 시스템으로는 위기에 놓인 사람들을 구할 수 없다는 인식이 사회 전반에 퍼졌습니다.

이러한 사회적 요구와 노력은 구체적인 법률 제정과 개정으로 이어졌습니다. 2014년 12월, 국회는 송파 세 모녀 사건을 계기로 마련된 이른바 '송파 세 모녀법'을 통과시켰습니다. 이 법에는 복지 사각지대 해소와 관련된 세 가지 주요 법률이 포함되었습니다.

1. 국민기초생활보장법 개정

맞춤형 급여 체계 도입으로 기존에는 최저생계비라는 단일 기준으로 모든 급여를 지급했지만, 개정 후에는 소득 수준에 따라 생계급여, 의료급여, 주거급여, 교육급여 등을 각기 다른 기준으로 지급하게 되었습니다. (예: 생계급여는 중위소득 30%, 의료급여는 중위소득 40% 등)

빈곤층이 기초생활보장 혜택을 받기 어렵게 만들었던 부양의무자 기준을 완화하여, 부양의무자의 소득이 일정 수준 이하이거나 특정 상황(예: 교육급여 대상 아동·청소년, 중증 장애인 등)에 해당할 경우 부양의무자 기준을 적용하지 않거나 완화하도록 하였습니다.

2. 긴급복지지원법 개정

위기 상황에 처한 사람들에게 신속하게 지원이 이루어질 수 있도록 지방자치단체장의 긴급지원 대상자 선정 권한을 확대하였고, 긴급지원 대상이 되는 위기 상황의 범위를 넓혀 더 많은 사람이 긴급 지원을 받을 수 있도록 확대하였습니다.

3. 사회보장급여의 이용·제공 및 수급권자 발굴에 관한 법률 (사회보장급여법) 제정:

복지 사각지대 발굴 시스템을 강화하여 복지 위기에 처한 가구를 선제적으로 발굴하기 위한 시스템 구축과 관련 정보 연계, 복지 담당 공무원의 역할 강화 등을 규정하여, 도움이 필요한 사람들을 찾아 지원할 수 있도록 하였으며, 다양한 기관의 정보를 연계하여 위기가구를 발굴하고 관리할 수 있는 사회보장 정보시스템의 법적 근거를 마련하였습니다.

세 법률은 송파 세 모녀 사건이 드러낸 복지 시스템의 핵심적인 문제점, 즉 엄격한 자격 기준과 신청주의로 인한 사각지대를 해소하고, 도움이 필요한 사람을 국가가 먼저 찾아내어 지원하겠다는 사회적 의지를 담고 있습니다.

2015년 7월 1일부터 시행된 이 법들은 송파 세 모녀 사건이라는 비극이 남긴 뼈아픈 교훈이 제도 개선으로 이어진 대표적인 사례로 평가받고 있습니다. 물론 이 법들이 모든 문제를 완전히 해결하지는 못했으나, 최소한 우리 사회가 위기가구를 외면하지 않고 능동적으로 발굴해 지원해야 한다는 방향으로 나아가게 한 중요한 첫걸음이 되었습니다.

'찾아가는 복지'와 빅데이터 활용의 빛

송파 세 모녀 사건에서 얻을 수 있는 중요한 실천적 교훈 중 하나는, 복지 시스템을 '신청 대기형'에서 '찾아가는 서비스형'으로 전환해야 한다는 점입니다. 우리 사회는 도움이 필요한 사람들을 국가적 인프라를 구축하여 시스템이 먼저 '발견'하고 '접근'하는 체계의 필요성을 절실하게 깨달았습니다. 특히, 주민들과 가장 가까이 있는 지방자치단체의 역할이 크게 강조되었습니다.

이러한 '찾아가는 복지' 시스템을 효과적으로 구현하기 위한 현대적 해법으로 빅데이터의 활용이 주목받고 있습니다. 정부와 관련 기관은 전기, 가스, 수돗물 요금 체납, 건강 보험료 체납 등 생활고를 겪는 가정에서 나타날 수 있는 여러 위기 징후 데이터를 통합·분석하는 시스템을 구축했습니다. 국가가 운영 중인 '위기 예측 빅데이터 정보' 시스템은 이러한 데이터를 활용해 복지 위기 가능성이 높은 가구를 사전에 파악하고, 담당 공무원이 직접 방문하거나 연락하여 필요한 복지 정보를 제공하고 신청을 돕도록 설계되었습니다.

뉴스웍스 2018년 1월 17일자 보도에 따르면, 보건복지부와 국회는 생활고로 전기나 수돗물 공급이 중단된 어려운 이웃을 이러한 '위기 예측 빅데이터 정보'를 통해 기초생활보장 등의 도움을 받을 수 있도록 지원했으며, 그 결과 지원 대상자 수와 지원률이 크게 개선되었습니다.

이 사례는 송파 세 모녀 사건에서 얻은 교훈을 바탕으로, 기술을 활용해 복지 사각지대를 줄이기 위한 의미 있는 실천적 시도라 할 수 있습니다. 빅데이터 활용은 복지 시스템을 더욱 능동적이고 효율적으로 만드는 데 중요한 도구가 될 수 있음을 보여줍니다.

주거 복지의 중요성과 '기본 주택'의 비전

송파 세 모녀 사건은 생활고뿐만 아니라, 그들이 살았던 '지하 월세방'이라는 불안정하고 열악한 주거 환경이 그들의 어려움을 더욱 가중시켰다는 점에 주목하게 했습니다. 주거는 인간이 생존하고 기본적인 생활을 영위하기 위한 가장 필수적인 조건임에도 불구하고, 우리 사회에서 주거 불안정은 여전히 많은 사람들의 삶을 위협하는 심각한 문제입니다.

이 사건은 우리 사회 주거 복지 정책이 어떤 계층을 대상으로, 어떤 수단을 통해 접근해야 하는지에 대한 근본적인 질문을 던졌습니다. 임대료 보조나 저렴한 주택 공급을 넘어서, 주거 불안정 자체가 복지 사각지대를 만들고 위기를 심화시키는 주요 원인이 될 수 있다는 인식이 확산되었습니다. 안정적인 주거 환경이 보장되지 않으면 일자리를 구하거나 질병을 치료하는 등 다른 문제들을 해결하기 위한 노력 자체가 불가능해질 수 있기 때문입니다.

이러한 맥락에서 '기본 주택'의 필요성이 중요한 교훈으로 부상했습니다. 기본 주택은 기존의 공공 임대주택보다 더 넓은 계층(청년, 신혼부부, 중산층까지 포함)에게, 소득 수준에 따라 저렴한 임대료로 최장 30년 등 장기간 안정적으로 거주할 수 있는 고품질의 주택을 충분히 공급하자는 정책 비전입니다. 송파 세 모녀 사건이 보여준 주거 불안정의 심각성을 고려할 때, '기본 주택'은 기본적인 삶의 기반을 국가가 책임지고 제공함으로써 주거 문제로 인한 삶의 위기를 예방하고 모두에게 안정적인 출발선 또는 재기 발판을 마련해주는 기본 사회의 핵심 구성 요소로 인식되고 있습니다.

기본 주택과 같은 주거 복지 정책이 효과적으로 작동하기 위해서는 정책의 내용만큼이나 이를 실행하는 전달 체계가 중요합니다. 주거 복지 지원을 담당하는 전담 조직과 인력을 강화하고, 복지 시스템과의 연계를 통해 주거 위기에 놓인 가구를 빠르게 파악하여 맞춤형 주거 지원 서비스를 제공할 수 있도록 주택 공급 체계를 개편해야 합니다.

주거 안정이 모든 사회 구성원의 기본적인 권리이자 복지 시스템의 핵심 기능이라는 인식이 확고해지면서, 기본 주택 정책은 기본 사회로 나아가는 여정에서 반드시 진지하게 논의하고 추진해야 할 핵심 과제로 자리매김하고 있습니다.

기본 사회로 가는 길:
비극을 넘어 희망과 우리 사회의 과제

송파 세 모녀 사건이라는 비극은 우리 사회에 깊은 상처를 남겼지만, 동시에 우리가 어떤 사회를 지향해야 하는지에 대한 중요한 나침반 역할을 했습니다. 이 사건을 통해 우리는 복지 사각지대의 실체를 직면했고, '찾아가는 복지'의 중요성, 주거 안정의 필수성, 그리고 위기 예측을 위한 기술 활용의 필요성 등 수많은 교훈을 얻었습니다. 이러한 교훈들은 단순히 유사한 비극을 막는 것을 넘어, 모든 사람이 최소한의 존엄을 지키며 안전하고 행복하게 생활할 수 있는 '기본 사회'를 구축하는 길의 방향을 제시합니다.

기본 사회로 가는 여정에서 송파 세 모녀 사건이 남긴 교훈들은 정책의 근간이 됩니다. 소득의 불안정성 속에서도 기본적인 삶을 가능하게 하는 기본 소득, 그리고 주거 불안정에서 벗어나 안정적으로 삶을 꾸릴 수 있는 기반이 되는 기본 주택과 같은 정책들은 이러한 교훈 위에서 그 필요성과 정당성을 얻습니다. 기본 소득과 기본 주택은 기본 사회를 구성하는 핵심 요소로서, 모든 사회 구성원에게 최소한의 '기본'을 보장함으로써 사회적 불평등을 줄이고 삶의 불안정성을 완화하는 것을 목표로 합니다.

이러한 기본 사회 정책들을 실현하기 위해서는 국가의 역할이 중요합니다. 충분한 국가 재정 확보를 통해 기본 소득 지급 및 기본 주택 공급 등 필요한 재원을 마련하고, 복지 사각지대 발굴 및 지원 시스템을 강화하는 적극적인 행정 역량이 필요합니다. 빅데이터 활용과 같은 기술적 수단을 통해 복지 시스템의 효율성을 높이고 위기 예측 능력을 향상시키는 노력도 지속되어야 합니다.

그러나 복지 문제를 정부의 노력만으로 완전히 해결하는 것은 어렵습니다. 기업을 포함한 민간 섹터의 동참과 자원 활용 역시 기본 사회로 가는 길에 필수적입니다. 기업의 사회적 책임(CSR:Corporate Social Responsibility))과 공유가치 창출(CSV:Corporate Shared Value) 활동을 확대하고, 복지 재원 마련에 기여하며, 사회적 가치를 창출하는 경영 활동을 통해 기본 사회 구축에 힘을 보탤 수 있습니다. 민관 협력을 통해 복지 사각지대를 해소하고, 지역 사회의 안전망을 강화하는 다양한 시도 또한 필요합니다.

결론적으로, 송파 세 모녀 사건은 우리 사회가 복지 사각지대를 해소하고 모든 사람이 안전하고 행복하게 생활할 수 있는 사회를 만들기 위한 방향을 분명하게 제시했습니다. 이 비극에서 얻은 뼈아픈 교훈들을 바탕으로 '찾아가는 복지' 시스템을 더욱 강화하고, '기본 주택'과 같은 주거 복지 정책을 확충하며, 기본 소득 도입에 대한 진지한 논의를 이어가는 것은 기본 사회로 가는 여정에 필수적인 단계입니다. 이러한 노력들이 결실을 맺을 때, 우리는 송파 세 모녀 사건과 같은 비극이 다시는 반복되지 않는, 모든 구성원의 삶이 존중받는 진정한 기본 사회에 도달할 수 있을 것입니다. 이는 정부와 민간, 그리고 모든 시민이 함께 만들어가야 할 우리 시대의 가장 중요한 과제입니다.

'농업 정의'와 현대 기본소득의
철학적 뿌리 이해

시대를 넘어선 선구자, 토마스 페인을 다시 읽다

토마스 페인(Thomas Paine, 1737-1809)은 18세기 미국 독립 혁명과 프랑스 혁명이라는 격동의 시대에 활약한 대표적인 정치 철학자이자 혁명가입니다. 영국에서 태어나 미국과 프랑스에서 활동한 그는 '자유와 독립의 권리'를 누구보다 강력하게 옹호하며, 당대의 지배적인 사상과 체제에 끊임없이 도전했습니다.

그의 가장 유명한 저서인 팸플릿 형태의 『상식(Common Sense)』은 1776년 발표 직후 수십만 부가 팔려나가며 미국 식민지 주민들에게 독립의 열망을 불어넣었고, 미국 독립 선언에 지대한 영향을 미쳤습니다. 그는 군주제를 맹렬히 비판하며 공화제만이 미국이 나아가야 할 길이라고 역설하며 독립하여야 하는 이유를 전파한 행동가이기도 합니다. 토마스 페인은 미국 헌법 제정 과정에 참여한 55명의 '건국의 아버지들' 중 한 사람으로 평가받으며, 혁명의 대의를 널리 알리는 데 큰 역할을 했습니다.

그러나 그의 사상은 『상식』이나 『인권(Rights of Man)』에만 머물지 않았습니다. 혁명 이후, 새로운 사회 건설을 고민한 사상가로서 그는 인간 사회의 근본적 정의에 대해 더욱 깊이 탐구했습니다. 그 결과 1797년 발표한 소책자 『농업 정의(Agrarian Justice)』에서 페인은 놀랍게도 오늘날 '기본소득(Basic Income)'의 철학적 뿌리에 해당하는 급진적 사상을 제시합니다.

이 글에서는 기본소득의 기초라 할 수 있는 토마스 페인의 『농업 정의』에 담긴 핵심 사상을 살펴보고, 그의 파격적인 제안들이 무엇이었는지, 그리고 18세기의 사상이 21세기 현대 사회의 기본소득 논의에 왜 여전히 중요한 의미를 갖는지 논하고자 합니다. 그의 사상은 당시에는 외면받으며 받아들여지지 않았으나, 오늘날 소득 불평등과 4차 산업혁명, 기술 발전이라는 커다란 변화와 도전에 직면한 우리에게 여전히 새로운 통찰을 제공합니다.

『농업 정의』의 탄생 배경과 핵심 :
지구는 모두의 공동 자산이다.

토마스 페인이 『농업 정의』를 저술한 1797년은 프랑스 혁명 이후 사회 재편 논의가 활발하던 시기였습니다. 페인은 당시 유럽 사회에 만연했던 극심한 빈곤과 소수 귀족 및 부유층에 토지가 집중된 현상을 목격하며 깊은 문제의식을 가졌습니다. 그는 인간 사회의 불평등이 어디에서 비롯되는지 근본적인 질문을 던졌고, 그 답을 '토지 소유 문제'에서 찾았습니다.

그 시절 유럽과 영국은 신분 계급이 엄격했고, 토지 소유권은 소수의 귀족과 영주들에게 국한되어 있었습니다. 페인의 핵심 철학은 "천하(지구)는 공공의 물질, 즉 공물(公物)인데 어찌 일정한 주인이 있으랴"라는 동양적 사상과도 통하는 주장이었습니다. 이는 앞장에서 이야기한 조선의 정여립과 같은 공유부 사상과 일맥상통하며, "모든 인간은 지구를 공유할 자연법적 권리를 갖고 있다"는 내용입니다. 즉, 태초에 지구와 그 위에 존재하는 자연 자원은 인류 공동의 자산, 즉 '공유부(Commons)'였고, 이 공유부에서 발생하는 이익은 당연히 모든 인류에게 공평하게 돌아가야 한다고 주장했습니다.

그러나 인간 사회가 발전하고 문명이 형성되면서 토지에 대한 사적 소유가 생겨났고, 페인은 토지 사유 제도의 필요성을 완전히 부정하지는 않았으나, 사유화 과정에서 발생하는 근본적인 문제를 지적했습니다. 소수의 사람이 막대한 토지를 소유해 이익을 얻는 반면, 대다수의 사람들은 태어날 때부터 자신이 마땅히 공유했어야 할 '자연적 상속분'인 땅을 갖지 못하게 되었습니다. 이는 땅을 가진 사람과 그렇지 못한 사람 사이에 인위적이고 불공정한 불평등을 만들어냈고, 땅 없는 이들은 자연법적 권리를 상실하게 된 것입니다.

토마스 페인(Thomas Paine)은 자연법적 권리와 자연적 상속분 개념을 통해 사회 정의와 평등을 주장했습니다. 그의 사상은 당시의 사회 제도와 불평등에 대한 근본적인 비판을 담고 있었습니다.

토마스 페인이 말하는 자연법적 권리(Natural Rights)는 인간이 태어날 때부터 신 또는 자연으로부터 부여받는 양도 불가능한 권리를 의미합니다. 이는 어떤 정부나 사회 제도도 침해할 수 없는 보편적인 권리이며, 인간의 존엄성과 자유를 보장하는 근본적인 토대인 것입니다.

생명권: 모든 인간은 생명을 유지할 권리가 있습니다.

자유권: 모든 인간은 자유로운 사고와 행동을 할 권리가 있습니다. 언론의 자유, 종교의 자유 등이 이에 해당합니다.

재산권: 인간은 자신의 노동의 결과로 얻은 재산을 소유할 권리가 있습니다. 하지만 페인은 이 재산권이 "자연적 상속분" 개념과 연결되어 제한될 수 있다고 보았습니다.

평등권: 모든 인간은 태어날 때부터 동등하며, 어떤 특정한 신분이나 지위 때문에 차별받아서는 안 됩니다. 그는 왕권이나 세습적 특권 등을 자연의 평등권에 어긋나는 것으로 보았습니다.

정부는 이러한 자연법적 권리를 보호하기 위해 존재하며, 만약 정부가 이 권리들을 침해한다면 국민은 저항하고 새로운 정부를 세울 권리가 있다고 주장했습니다. 그의 이러한 사상은 미국 독립 선언과 프랑스 혁명 인권 선언에 큰 영향을 미쳤습니다.

자연적 상속분(Natural Rights)은 그의 저서 『토지 정의(Agrarian Justice)』에서 제시한 개념으로, 모든 인류가 공동으로 소유해야 할 자연 자산에 대한 권리를 의미합니다. 그는 인류가 지구를 만들지 않았으므로 토지와 같은 자연 자산은 특정 개인이 영구히 독점할 수 없다고 보았습니다.

페인은 토지 소유를 크게 두 가지로 나누었습니다

자연적 소유: 인간이 만들지 않은, 즉 자연으로부터 주어진 토지 그 자체의 가치. 이는 모든 인류의 공동 재산으로 보았던 것입니다.

인공적 소유: 인간의 노동과 노력으로 인해 토지에 부가된 가치 (예: 경작, 건물 건설 등), 이는 개인의 노력에 대한 정당한 보상으로 인정하였습니다.

그는 토지의 사적 소유로 이득을 얻는 사람들이 공동의 기금을 조성해야 한다고 제안하였고 이 기금은 모든 사회 구성원, 특히 가난한 사람들에게 기초 자산 또는 기본 소득의 형태로 분배되어야 한다고 보았던 것입니다.

즉, 자연적 상속분은 모든 사람이 자연 자원의 혜택을 누릴 권리가 있다는 사상을 바탕으로, 토지 사유화로 인한 불평등을 완화하고 사회 전체의 복지를 증진시키기 위한 제도적 장치를 마련해야 한다는 그의 주장을 담고 있습니다.

토마스 페인 이러한 불의를 바로잡기 위해 토지 사유제로 이익을 얻는 사람들은, 땅 없는 사람들이 상실한 자연법적 권리에 대해 마땅히 보상해야 한다고 주장했습니다. 그의 논리에 따르면 이는 자선이나 빈곤 구제가 아니라, 빼앗긴 자연적 권리에 대한 정당한 '보상(Compensation)'이자, 선조로부터 물려받은 '재산에 대한 모두의 동등한 권리'를 인정하고 실현하는 것이었습니다. 『농업 정의』는 바로 이 철학적 기반 위에서 구체적인 제안을 내놓은 저작이었습니다.

'농업 정의'에 담긴 파격적인 제안: '기본 상속'과 노령 수당

토마스 페인은 토지 사유제로 인해 발생하는 불평등을 해소하고 모두의 자연법적 권리를 보상하기 위한 재원을 마련하고 분배하는 구체적인 방안을 제시했습니다. 그는 이러한 목적을 위한 기금, 즉 '국민 기금(National Fund)' 또는 '토지 배당 기금(Agrarian Dividend Fund)'을 설치하자고 주장했습니다.

이 기금은 어디서 마련할 수 있을까요? 페인은 모든 사람이 사망하여 상속될 때, 토지와 기타 재산에 대해 10%의 '토지 상속세(Ground Rent)' 또는 '유산세(Estate Tax)'를 부과하여 조성하자고 제안했습니다. 그의 논리는, 개인이 남기는 유산은 그 개인의 노력과 더불어 사회 공동체가 제공한 환경(토지, 인프라, 법 질서 등)에 힘입은 것이며, 특히 토지의 가치는 사회 전체의 발전과 밀접하게 연결되어 있으므로 그 일부를 사회에 환원해야 한다는 것이었습니다. 이는 오늘날의 상속세나 토지 관련 세금과 개념적으로 유사하지만, '공유부'에서 상실된 권리에 대한 보상이라는 점에서 차별화됩니다.

이렇게 조성된 기금을 통해 페인은 두 가지 종류의 보상금을 지급하자고 했습니다.

첫째, 21세가 된 모든 청년에게 15파운드를 일시금으로 지급하는 방안입니다. 그는 이를 '기본 상속(Universal Inheritance)' 또는 '자연적 권리에 대한 상속분(Natural Inheritance)'이라 불렀습니다. 모든 개인이 태어날 때부터 마땅히 누려야 할 지구라는 공동 자산의 일부를, 성인이 되어 사회생활을 시작할 때 돌려받아야 한다는 의미였습니다. 이는 빈곤 구제가 아니라, 기본 권리에 기반한 '출발 자본'의 성격을 가졌습니다.

토마스페인은 태초에 자연, 특히 토지는 모든 인류의 공동 재산이었다고 주장하였으며. 인간이 지구를 만들지 않았으므로 누구도 토지를 영구히 독점할 권리가 없다는 것이었습니다.

그러나 문명 사회가 발전하면서 토지가 사유화되었고, 경작과 소유를 통해 토지에서 발생하는 부는 특정 개인에게 집중되었습니다. 이로 인해 많은 사람들이 자연 자원에 대한 접근권을 잃고 빈곤에 처하게 되었다고 보았습니다.

페인은 토지 사유화로 인해 공동 소유의 자연 자산에 대한 권리, 즉 "자연적 상속분"을 잃은 사람들에게 부분적인 보상이 이루어져야 한다고 주장했습니다. 21세에 지급되는 15파운드는 이러한 보상의 성격을 가집니다.

즉 토지를 상속받는 사람은 토지의 순수한 가치(인간의 노력으로 인한 개량 가치 제외)에 대한 '지대(ground-rent)'를 공동체에 지불해야 한다고 보았습니다. 이는 일종의 상속세 또는 재산세의 개념으로, 특정 개인의 재산권 행사에 따른 사회적 책임을 강조한 것입니다.

따라서 페인은 이 돈이 젊은 남녀가 성년이 되어 사회생활을 시작할 때, 즉 "세상에 발을 내디딜 때(to begin the world!)" 생계를 시작할 수 있는 종잣돈이 될 수 있다고 보았습니다. 이는 그들이 빈곤의 굴레에서 벗어나 자립할 수 있는 기반을 마련해주는 것을 목표로 했습니다.

토마스 페인의 이러한 제안은 기본소득(Universal Basic Income, UBI) 논의의 중요한 역사적 사상가로서 제언으로 특정 계층에 대한 선별적 복지가 아닌, 모든 사회 구성원에게 보편적으로 지급되어야 할 권리로서의 소득 또는 자산을 제시했다는 점에서 시대를 앞서간 사상가로 인정받고 있습니다. 그의 주장은 토지 사유화로 인한 불평등을 해결하고, 모든 사람이 최소한의 존엄성을 가지고 살아갈 수 있도록 사회적 안전망을 구축하려는 시도였다고 볼 수 있습니다.

둘째, 50세가 넘은 모든 국민에게는 매년 10파운드를 지급하는 방안입니다. 이는 오랜 시간 동안 토지 사유제로 누적된 자연법적 권리 상실분에 대한 보상이자, 노년에도 기본적인 생활을 유지할 수 있도록 돕는 '사회적 배당'의 성격을 지녔습니다.

페인의 제안은 빈곤층 지원을 넘어서, 사회 구성원으로서 마땅히 누려야 할 보편적 권리에 기반한 분배라는 점에서 혁신적이었습니다.

페인의 사상적 배경과 시대적 한계: 혁신가의 고독

토마스 페인의 『농업 정의』에 담긴 사상은, 당대 유럽과 영국의 철학적 주류 및 사회 구조에 대한 근본적인 도전이었습니다. 페인은토마스 페인 18세기 계몽주의 시대의 산물로서, 이성과 자연법, 그리고 개인의 기본 권리에 대한 강한 신념을 갖고 있었습니다. 그의 사상은 경제적 분배만을 논한 것이 아니라, 인간이 자연과 맺는 관계, 그리고 사회계약을 통해 형성된 국가의 역할에 대한 깊은 철학적 성찰을 담고 있습니다.

그의 정의관은 재산 소유의 기원이 어디에 있는가라는 근본적 질문에서 출발합니다. 그는 토지를 포함한 자연은 누구의 소유도 아닌 모두의 공동 자산이었는데, 후대에 사유화되면서 불평등이 발생했다고 보았습니다. 따라서 사적 소유를 인정하더라도, 이로 인해 발생하는 공동 자산에 대한 타인의 권리 상실에 대해서는 반드시 보상해야 한다는 논리를 폈습니다. 이는 부의 분배를 단순한 자선이나 필요에 따른 지원이 아니라, 정의와 권리에 기반한 사회적 의무로 승격한 점에서 매우 중요한 철학적 전환이었습니다.

토마스 페인의토마스 페인 이러한 생각은 그의 시대에 널리 받아들여지지 않았습니다. 『농업 정의』의 제안은 당시 사회의 지배 계층이었던 토지 소유자들과 기득권층의 이해관계에 정면으로 배치된 것이었습니다. 그들에게 상속 재산에 세금을 부과해 땅 없는 사람들에게 나누어주자는 주장은, 자신들의 부와 권력 기반을 허물자는 급진적 주장으로 받아들여졌습니다. 그의 생각은 당시의 확고한 사유재산 제도와 소수의 부가 당연시되던 경제 체제에 정면으로 도전하는 것이었기 때문에 강력한 저항에 부딪쳤습니다.

페인은 1776년 1월 출판된 그의 소책자 '상식'에서 그는 군주제와 세

습제도의 부당성을 비판하며, 영국식 군주제가 본질적으로 자유를 위협하는 존재이며, 오직 선출된 공화정만이 진정한 자유를 보장할 수 있다고 역설했습니다. 그는 식민지 주민들에게 영국으로부터의 완전한 독립만이 번영과 자유를 가져올 수 있음을 설득하며, 새로운 민주 공화국 수립의 필요성을 강조 하였으며 미국 독립 선언서와 헌법의 정신에 큰 영향을 미쳤습니다. 그러나 『농업 정의』는 그의 생전에 큰 반향을 일으키지 못했고, 한동안 잊힌 사상으로 남았습니다. 그의 다른 저서들이 혁명과 국가 건설에 직접적인 영향을 미친 것과는 달리, 그의 급진적 비전은 당대 현실 정치와 사회 구조의 벽을 넘지 못했던 한계를 보여줍니다. 하지만 그의 아이디어는 후대 사상가들에게 영향을 주었고, 200여 년이 지난 현대에 다시금 재조명되고 있습니다.

 페인의 사상을 현대에 재조명하다: '공유부' 개념의 확장

　토마스 페인의 『농업 정의』가 오늘날 다시 주목받는 이유는, 200여 년 전의 토지 문제 논의가 21세기 현대 사회의 근본 과제와 어떻게 연결될 수 있는지에 대한 답을 '공유부(Commons)'라는 개념에서 찾을 수 있기 때문입니다.

　페인은 지구가 인류 공동의 공유부이며, 사유화로 인한 이익의 일부는 사회 전체에 환원되어야 한다고 주장했습니다. 토마스 페인의 사상은 원래 토지라는 물리적 자원에 국한되었던 공유부(commons) 개념을 현대 사회의 다양한 비물리적 자원으로 확장하는 데 중요한 통찰을 제공합니다. 이는 우리가 추구하는 '기본사회(basic society)'로 나아가는 여정의 시작점에서, 그 방향성을 제시하는 의미를 갖습니다.

현대 사회의 '공유부'는 다음과 같은 다양한 물리적, 비물리적 형태를 포함합니다.

현대 사회에서 '공유부'는 다음과 같은 다양한 형태를 포함합니다.

자연 환경 공유부: 깨끗한 공기, 물, 토양, 기후 안정성, 생물 다양성 등 인류 생존에 필수적인 자연 자원은 특정 개인이나 국가의 소유가 아닌, 지구 전체가 후손에게서 빌려 쓰는 대표적 공유 자산입니다.

지식 및 정보 공유부: 인류가 축적해 온 과학 지식, 문화 유산, 공개된 연구 결과, 오픈 소스 소프트웨어 등은 모두의 노력으로 만들어진 공동 자산입니다.

디지털 공유부: 인터넷 인프라, 표준 기술, 그리고 개인정보 보호가 보장된 방대한 데이터 등은 디지털 시대의 새로운 공유 자산입니다.

사회적 공유부: 잘 갖춰진 도로, 통신망, 에너지망 같은 물리적 인프라와 법, 제도, 공공 교육 및 의료 시스템, 사회적 신뢰 등은 모두의 노력과 기여로 유지되는 공유 자산입니다.

현대의 부는 단순히 개인의 노력이나 자본만으로 창출되는 것이 아니라, 이처럼 다양한 '공유부'를 활용하고 그 위에서 이루어지는 활동에서 비롯됩니다. 예를 들어, 기업은 잘 구축된 도로와 통신망 위에서 사업을 영위하고, 인터넷이라는 공유 인프라를 활용하며, 교육 시스템에서 길러진 인재를 얻고, 법과 질서라는 공유부 덕분에 안전하게 활동합니다. 데이터 기반 산업 역시 개인들이 생산하는 데이터를 활용해 가치를 창출합니다.

따라서 페인의 논리, 즉 "공유부의 사적 이용 또는 독점으로 얻는 이익의 일부는 사회 전체에 반드시 보상되어야 한다"는 원칙은 토지라는 물리적 자원을 넘어 현대의 다양한 공유부에도 적용될 수 있습니다. 소수 기업이 플랫폼, 데이터, 기술을 독점해 막대한 이익을 얻는다면, 이는 공유부에 대한 사회 전체의 권리를 침해하는 것으로, 정당한 사회적 보상이 필요하다는 근거가 됩니다.

페인의 아이디어와 현대 '기본소득' 개념의 연결고리

『농업 정의』의 '기본 상속' 일시금 지급과 노령 수당 형태의 지급 제안은 오늘날 논의되는 '기본소득(Basic Income)'과도 깊은 연결고리가 있습니다. 형태와 구체적 지급 방식에서는 차이가 있지만, 그 기저에 깔린 철학적 원리는 크게 다르지 않습니다.

공유 자산에 대한 보편 권리:

가장 중요한 연결고리는 '모든 사회 구성원이 사회의 부, 또는 공유 자산에 대한 권리를 가진다'는 철학입니다. 페인은 토마스 페인 이 권리의 근거를 인간이 태어날 때부터 가지는 자연과 지구에 대한 공동 소유권에서 찾았고, 현대 기본소득 역시 사회 전체의 노력, 유산, 그리고 공동 자산에서 발생하는 부에 대해 모든 시민이 정당한 몫을 가질 권리가 있다고 봅니다.

"기본소득네트워크의 안효상 이사장은 "페인의 기본소득에 대한 주장은 모든 사람이 자연과 지구에 대한 공동 소유권을 가지고 있으며, 이로 인해 생기는 이익은 모두에게 공평하게 분배되어야 한다는 그의 철학에서 비롯되었습니다."는 문구로 기본소득네트워크를 설명한 적 있습니다.

사회적 불평등 해소:

페인은 토지 독점으로 인한 불평등을 완화하기 위해 보상금 지급을 주장했습니다. 현대 기본소득 역시 소득·자산 불평등을 줄이고, 모두가 최소한의 인간다운 삶을 누릴 수 있도록 하는 목적이 큽니다.

경제적 자유의 확장:

페인은 기본소득이 보장되면 사람들이 생계유지를 위해 억지로 하기 싫은 일을 하지 않고, 자기 흥미와 열정을 따라 일하거나 사회에 기여하는 활동에 더 자유롭게 참여할 수 있다고 생각했습니다. 현대 기본소득 논의도 기본소득이 개인에게 경제적 안정성을 제공해 자아실현이나 공동체 활동을 촉진한다는 점을 강조합니다.

물론 페인의 제안과 현대 기본소득은 차이점도 많습니다. 페인의 '기본 상속'은 21세에 한 번 지급되는 '출발 자본' 성격이었고, 노령 수당도 50세 이후 연금 성격의 연간 지급액이었습니다. 현대 기본소득은 연령이나 고용 상태와 관계없이 모든 시민에게 정기적으로(대개 매월) 지급되는 생활비 성격의 현금 또는 소멸성 지역화폐로 지급 되는 것입니다. 소멸성 지역화폐로 지급되는 것이 효과적 이라는 사실은 경기도에서 지급한 청년 기본소득에서 확인할 수 있습니다. 또한, 페인의 재원 마련 논의는 주로 토지라는 특정 자산에 기반했지만, 현대 기본소득은 일반 조세, 탄소세, 데이터세·자산세, 횡제세 등 다양한 방안이 논의되고 있습니다.

그러나 이러한 차이에도 불구하고, 모든 사회 구성원이 공동 자산(토지에서 나아가 다양한 형태의 공유부)에서 발생하는 사회적 부에 대한 권리를 갖고, 이를 바탕으로 기본적 경제 기반을 보장해야 한다는 페인의토마스 페인 철학은 현대 기본소득 논의에 중요한 뿌리와 정당성을 제공합니다.

페인의 유산과 현대 기본소득 논쟁의 과제

토마스 페인의 『농업 정의』가 현대 기본소득 논의에 제공하는 가장 큰 기여는, 기본소득이 단순한 빈곤 감소 정책이나 시혜적 복지로 그치는 것이 아니라 모든 시민의 '기본적 권리'에 기반한 보편적 분배 정의의 문제임을 분명히 했다는 점입니다. '자연과 지구에 대한 공동 소유권'이라는 그의 철학은 오늘날 다양한 '공유부' 개념과 연결되어, 기술 발전과 자본 축적의 혜택이 소수에게 집중되는 현상에 대한 근본적인 문제 제기와 사회 전체의 이익 공유에 강력한 철학적 정당성을 부여합니다.

그러나 18세기 토마스 페인의 철학을 21세기 복잡한 현대 사회에 적용하는 일에는 여전히 많은 도전과 해결 과제가 존재합니다. 페인의 '농업 정의' 개념을 현대 기본소득과 연계해 논하는 것은 충분히 의미 있지만, 재원 마련의 현실성, 제도적 구축, 국민적 합의와 실행 방식 등에서 신중한 접근이 필요합니다. 오늘날의 기본소득 논쟁이 직면한 쟁점들은, 산업과 사회가 훨씬 더 복잡해진 지금 더욱 복합적으로 드러나고 있습니다.

첫째, 재원 마련의 문제입니다.

페인은 상속세 기반의 기금을 제안했지만, 현대 기본소득은 전 국민에게 지급하는 만큼 막대한 재원이 요구됩니다. 자원을 독점하는 개인이나 기업에 추가 부담(탄소세, 데이터세, 로봇세, 자산세 강화 등)을 주는 것은 페인의 철학에 부합할 수 있지만, 경제 효율성 저해나 투자·혁신 위축이라는 반론도 강하게 제기됩니다. 안정적이고 지속 가능한 재원 확보는 기본소득 실현의 가장 큰 난제입니다.

둘째, 사회적 불평등 완화의 최선책인가에 대한 논란입니다.

기본소득이 빈곤을 줄이고 불평등을 완화할 것이라는 기대가 있으나, 동시에 교육·의료·주거 등 복지 서비스의 약화, 근로 의욕 저하, 물가 상승 등 부작용에 대한 우려도 존재합니다. 기본소득이 기존 복지 제도와 어떤 관계를 맺을지, 사회 안전망 전체를 어떻게 재설계할지에 대한 논의와 국민적 합의가 반드시 필요합니다.

셋째, 구현의 세부적인 문제입니다.

지급 대상, 지급 금액, 지급 방식, 기존 소득이나 자산과의 연계 방식(세금을 통한 환수 등)에 따라 기본소득의 효과와 사회적 영향이 크게 달라질 수 있습니다. 모든 국민에게 동일하게 지급하는 보편적 기본소득과, 특정 기준에 따라 차등 지급하는 방식 사이의 논쟁도 계속되고 있습니다.

그럼에도 불구하고 토마스 페인의 『농업 정의』는 현대 기본소득 논의에 깊은 영감을 줍니다. 그의 사상은 기본소득이 공동 자산에 대한 책임이라는 근본적 질문과 연결되어 있음을 상기시켜줍니다. 자동화와 인공지능 발전으로 일자리가 줄고, 부의 양극화가 심화되는 21세기 사회에서, 페인의 '기본소득' 아이디어는 더욱 중요하게 재조명되고 있습니다.

결국 우리는, 18세기 계몽 사상가 토마스 페인의 『농업 정의』에 담긴

'지구는 모두의 공유 자산이며, 그 사적 이용에 대한 보상은 모든 사람의 권리'라는 철학이, 시대를 초월해 현대 기본소득 논의의 강력한 철학적 기반이 되고 있음을 확인하게 됩니다. 그의 급진적 제안들은 오늘날 '기본 상속'이나 '기본소득'과 같은 정책 아이디어로 되살아나고 있으며, 이를 현실에서 구현하는 일은 복잡하지만, 페인의 철학적 유산은 모든 구성원이 인간다운 존엄을 누릴 수 있는 '기본 사회'라는 미래를 향한 나침반 역할을 하고 있습니다.

　토마스 페인의 질문—"현대 사회에서 발생하는 막대한 부와 기회는 누구의 것이며, 그 혜택은 어떻게 분배되어야 진정으로 정의로운 사회가 될 수 있는가?"—에 답하는 과정에서, 그의 목소리는 오늘날 우리 사회에 여전히 깊은 울림을 전하고 있습니다.

기본사회로 가는 길

기본을 묻는다

　기본소득은 모든 국민에게 일정한 소득을 보장하는 제도로, 사회적 불평등을 완화하고 모든 사람에게 기본적인 생활을 보장하는 것을 목표로 합니다. 토마스 페인의 『농업 정의』 개념을 현대의 기본소득에 적용할 경우, 자원을 독점하는 개인이나 기업에게 그 이익의 일부를 사회에 기여하도록 하는 형태로 구현할 수 있습니다. 즉, 사회는 자원의 독점을 허용하되, 그 이익의 일부를 사회적 불평등 완화에 사용하도록 국민적 합의를 바탕으로 해석할 수 있습니다. 이를 통해 기본소득이라는 형태로 모든 사람에게 일정한 수입을 보장함으로써 사회적 안정을 유지하고 불평등을 줄이는 효과를 기대할 수 있습니다.

하지만 이러한 접근에는 여러 가지 현실적 문제와 논란이 수반될 수 있습니다. 자원을 독점하는 개인이나 기업에게 추가 부담을 주는 것은 경제적 효율성 저하, 투자 위축, 혁신 둔화 등의 부작용을 가져올 수 있습니다. 또한 기본소득이 사회적 불평등을 완화하는 최선의 방법인지에 대해서도 사회적 논란이 계속되고 있습니다.

기본소득이 사회적 불평등을 완화하는 최선의 방법인가?

이 질문에 대해 많은 연구자들은, 기본소득이 사회적 불평등을 완화하는 한 가지 유효한 방법임에는 동의합니다.

기본소득은 모든 사람에게 일정 금액의 소득을 보장함으로써, 극심한 빈곤을 예방하고 최소한의 생계를 지원합니다. 이는 불확실한 경제 상황이나 산업 자동화로 인한 일자리 변화에 대응하는 데도 일정 수준의 안전망을 제공할 수 있습니다.

그러나 기본소득이 사회적 불평등을 완화하는 '최선'의 방법인가에 대해서는 논란이 존재합니다.

기본소득은 모든 사람에게 동일한 금액을 지급하기 때문에, 상대적으로 더 많은 도움이 필요한 취약계층에게 충분한 지원이 되지 못할 수 있습니다. 또한, 기본소득 지급에 소요되는 막대한 재원을 어떻게 마련할 것인지, 그것이 교육, 의료, 주거 등 다른 중요한 공공 서비스에 미치는 영향은 무엇인지 등 실질적 고민이 필요합니다.

따라서 기본소득은 사회적 불평등을 완화하는 여러 방법 중 하나일 수 있지만, 반드시 '최선'이라고 단정하기는 어렵고, 사회적 맥락과 다양한 요소를 종합적으로 고려해 실시해야 할 과제입니다.

기본소득이 불확실한 경제 상황이나 자동화에 대응하는 데 어떻게 도움이 되나요?

불확실한 경제 상황에서는 급격한 경제 변동, 고용 불안정, 글로벌 위기(예: 팬데믹) 등으로 많은 사람이 소득을 잃을 수 있습니다. 이럴 때 기본소득은 모든 사람에게 일정 소득을 보장해줌으로써 개인의 경제적 안정성을 유지하는 데 기여할 수 있습니다. 즉, 필수 생활비를 감당하고 경제 위기를 버틸 수 있는 최소한의 기반을 마련해줍니다.

기술 발전으로 인한 자동화 역시 많은 직업의 소멸을 가져올 수 있습니다. 이러한 변화에 직면한 사람들에게 기본소득은 재교육이나 전직 준비 기간 동안의 경제적 안전망을 제공하며, 새로운 직업을 찾거나 창업을 모색할 수 있는 자유도 함께 줍니다.

하지만 기본소득이 이러한 문제를 완전히 해결할 만능 해법은 아니라는 점도 분명히 해야 합니다. 기본소득의 재정적 지속 가능성, 일하지 않아도 소득이 보장되기 때문에 발생할 수 있는 '게으름' 문제, 다른 복지 제도를 대체할 때 취약계층이 오히려 더 어려워질 수 있는 위험 등도 면밀히 고려되어야 합니다.

결론적으로, 인공지능(AI), 로봇공학, 빅데이터 등 첨단 기술 발전으로 경제적 불확실성과 자동화로 인한 일자리 감소가 본격화되는 시대, 기본소득(Universal Basic Income, UBI)은 사회적 불평등과 미래 불확실성에 대응할 수 있는 하나의 유력한 정책 옵션이자, 적극적인 사회적 논의가 필요한 대안으로 자리매김하고 있습니다.

경제적 불확실성 완화 및 생계 보장:

최소한의 생활 안정망 제공: 4차 산업혁명으로 인해 기존의 안정적인 일자리가 사라지고, 플랫폼 노동이나 비정규직이 증가하는 등 고용 형태가 더욱 불안해지고 있는 것도 사실입니다. 기본소득은 모든 시민에게 조건 없이 일정 금액의 소득(현금 또는 소멸성 지역화폐 등)을 제공함으로써 실직이나 저임금 노동으로 인한 생계 불안을 완화하고, 최소한의 인간다운 삶을 보장하는 안전망 역할을 합니다.

소비 촉진 및 내수 경제 활성화: 기본소득은 자동화로 급격한 일자리 변화로 인해 실업의 증가는 소득의 감소로 이어지며, 그로 인해 사회는 전반적인 소비력이 감소하여 경제 침체로 이어질 수 있습니다. 기본소득은 사람들로 하여금 로봇이 생산한 상품과 서비스를 구매할 수 있는 최소한의 구매력을 유지하고, 경제의 지속 가능성을 유지하는 데 기여할 수 있습니다.

빈곤 및 불평등 완화: 기술 발전의 혜택이 소수의 자본가나 기술 기업에 집중되면서, 소득 불균형이 심화될 수 있습니다. 기본소득은 이러한 불평등을 완화하고, 사회적 양극화를 줄이는 데 도움이 될 수 있습니다.

자동화와 일자리 변화에 대한 대응:

노동 시장의 유연성 확보: 대다수 제조산업과 서비스산업은 자동화로 인해 기존의 직업이 사라지거나, 업무 내용이 변화하면서 많은 사람들이 새로운 직업을 찾거나 재교육을 받아야 할 필요성이 커집니다. 기본소득은 사람들이 당장의 생계 걱정 없이 최소한의 삶을 유지하면서, 새로운 기술을 배우거나 창의적인 활동에 도전할 수 있는 시간과 기회를 제공하여 노동 시장의 유연성을 높일 수 있습니다.

직업 전환 및 재교육 지원: 기본소득은 실업 상태에서도 안정적인 수입을 제공하여, 개인이 재교육 프로그램에 참여하거나 새로운 기술을 습득하는 데 집중할 수 있도록 돕습니다. 이는 미래 사회에 필요한 인재로 전환하는 데 중요한 기반이 됩니다.

정신적, 신체적 건강 개선 및 삶의 질 향상: 경제적 압박에서 벗어남으로써 사람들의 스트레스가 줄어들고, 이는 정신적, 신체적 건강 향상으로 이어질 수 있습니다. 또한 고된 노동에서 벗어나, 개인의 삶의 질을 높이고 여가 활동이나 사회 참여를 활성화하는 데 기여할 수 있습니다.

기업가 정신 및 혁신 촉진: 기본적인 소득이 보장됨으로써 사람들이 실패에 대한 두려움 없이 창업이나 혁신적인 아이디어를 시도해 볼 수 있는 여지가 확대될 수 있습니다.

하지만 기본소득 도입에는 다음과 같은 논쟁점도 존재합니다.

막대한 재원 마련: 기본소득을 모든 국민에게 지급하려면 엄청난 재원이 필요하며, 이를 위한 세금 인상 등에 대한 사회적 합의가 필요합니다.

근로 의욕 저하 우려: 기본소득이 노동 의욕을 저하시켜 사회 전체의 생산성 감소로 이어질 수 있다는 우려도 있습니다.

물가 상승 가능성: 기본소득 지급으로 인해 총수요가 급증하면, 물가가 상승할 수 있다는 지적도 있습니다.

이러한 논쟁에도 불구하고, 4차 산업혁명 시대의 도래와 함께 기본소득은 미래 사회의 주요 사회 안전망이자 경제 시스템 개편의 한 방안으로 활발히 논의되고 있습니다. 다양한 시범 사업과 연구를 통해 그 효과와 부작용에 대한 심층적인 분석이 계속되고 있습니다.

옥스퍼드 대학교의 칼 베네딕트 프레이(Carl Benedikt Frey)와 마이클 오스본(Michael A. Osborne)의 "고용의 미래(The Future of Employment)" (2013) 보고서는 자동화로 인해 미국 일자리의 약 47%가 사라질 위험에 처해 있다고 경고하며, 4차 산업혁명 시대의 기본소득 필요성을 제기하는 핵심적인 근거가 되었습니다.

기본소득이 자동화와 어떻게 관련되어 있는가?

기본소득과 자동화는 미래의 노동 시장 변화에 대응하는 방법으로서 서로 밀접하게 연결되어 있습니다.

자동화는 기술의 발전으로 인해 일부 직업이 사라지거나, 그 역할이 기계나 인공지능에 의해 대체되는 현상을 말합니다. 이는 특히 제조업, 운송업, 서비스업 등에서 두드러지며, 그 결과로 많은 사람들이 직업을 잃을 위험이 있으며, 이미 많은 분야에서 진행되고 있는 것을 우리는 알아야 합니다.

이런 상황에서 기본소득은 사람들이 실직의 위험에 대처하고, 새로운 기술을 배우거나 다른 직업을 찾는 데 필요한 시간과 자원을 제공하는 방법으로 제안되고 있습니다. 기본소득은 모든 사람에게 일정한 소득을 보장함으로써, 기술의 발전으로 인한 노동 시장의 변화에 대응하는 데 필요한 경제적 안정성을 제공할 수 있습니다.

기본소득이 노동 시장 변화에 대응하는 방법은?

기본소득이 노동 시장 변화에 대응하는 방법으로 제안되는 주요 방식은 다음과 같다고 할 수 있다.

경제적 안정성 제공: 기본소득은 모든 개인에게 일정한 소득을 보장함으로써, 실직이나 임금 감소와 같은 불확실한 경제 상황에 대응할 수 있는 안정적인 기반을 제공합니다. 이는 사람들이 필요한 생활비를 감당하고, 자신의 직업이나 경력을 바꾸는 데 필요한 시간과 자원을 확보하는 데 도움이 될 수 있습니다.

직업 선택의 자유 증진: 기본소득은 사람들이 생계를 유지하는 데 필요한 최소한의 소득을 보장함으로써, 사람들이 자신의 흥미나 역량에 따라 직업을 선택할 수 있는 자유를 증진시킵니다. 이는 특히 자동화나 기술 발전으로 인해 기존의 일자리가 사라지는 상황에서, 사람들이 새로운 기회를 찾거나 창의적인 방식으로 노동 시장에 참여하는 데 도움이 될 수 있습니다.

# 무상급식, 보편적 복지의 씨앗에서 부분적 기본소득의 가능성까지

대한민국 사회에서 '무상급식'은 복지 담론의 지형을 뒤바꾼 상징적인 사건으로 기억됩니다. 한때 뜨거운 정치적 논쟁의 중심에 섰던 이 정책은, 아이들에게 점심 한 끼를 무상으로 제공함으로써 보편적 복지의 개념을 확산시키고, 나아가 '부분적 기본소득'이라는 새로운 시각에서 그 가치를 재조명하게 만들었습니다.

무상급식은 보편성과 무조건성이라는 기본소득의 핵심 원칙을 부분적으로 구현합니다. 소득이나 재산에 관계없이 모든 학생에게 식사를 제공함으로써, 선별적 복지 정책에서 흔히 발생하는 '낙인 효과'를 해소하고, 경제적 상황과 관계없이 모든 학생의 기본 권리를 보장한다는 의미를 가집니다. 게다가 가정의 식비 부담을 줄여주는 실질적인 경제 효과를 가져왔고, 차별로 소외받는 아이에게 인간의 인권 가치가 얼마나 소중한지 알리는 역할도 하였습니다.

이러한 측면에서 무상급식은 '현물 형태의 부분적 기본소득'으로 해석될 수 있습니다. 비록 현금 형태로 지급되는 것은 아니지만, 가계가 필수적으로 지출해야 할 항목 중 하나인 식비를 국가가 대신 부담함으로써 가처분 소득을 증가시키는 효과를 낳습니다. 이는 특히 저소득층 가정에 큰 도움이 되며, 아이들의 영양 상태 개선과 학업 집중력 향상에도 긍정적인 영향을 미쳤습니다. 특정 집단(학생)에게 특정 기본 필요(식사)를 무상으로 제공함으로써, 최소한의 삶의 질을 보장하고 경제적 안정에 기여하는 '기본소득적' 기능을 수행하는 것입니다.

무상급식의 성공적 안착은 한국 사회에서 보편적 복지에 대한 인식을 변화시키는 중요한 계기가 되었습니다. 초기 반대론자들이 제기했던 '공짜 심리 조장', '세금 낭비' 등의 우려에도 불구하고, 아이들의 건강과 교육 환경 개선이라는 명확한 성과를 보여주면서 국민적 공감대를 형성하는 데 성공했습니다. 이는 "모두에게 돌아가는 복지는 곧 나에게도 돌아오는 복지"라는 인식을 확산시키며, 아동수당, 청년수당 등 다른 보편적 복지 정책 논의의 물꼬를 트는 데 일조했습니다.

물론 무상급식이 완벽한 기본소득의 모델이라고 볼 수는 없습니다.

현금 지급이 아닌 현물 지급이라는 점, 수혜 대상이 특정 연령층에 한정된다는 점 등은 전 국민에게 현금으로 지급되는 완전한 기본소득과는 분명한 차이가 있습니다. 하지만 무상급식이 보여준 보편적 복지의 가능성과 사회적 효과는, 4차 산업혁명 시대에 직면한 불확실한 경제 상황과 자동화로 인한 일자리 감소 문제에 대응하기 위한 '기본소득' 논의에 중요한 시사점을 던져줍니다.

무상급식의 사례는 '모두에게 제공되는 복지'가 사회 전체의 안정과 삶의 질 향상에 기여할 수 있음을 증명했습니다. 이는 미래 사회에 필수적인 사회 안전망으로서 기본소득을 고민하는 데 있어, 보편적 복지 정책의 성공적인 발자취를 보여주는 중요한 이정표가 됩니다. 무상급식과 더불어 기본소득이 대한민국에서 언제 어떤 반향을 불러일으킬지 아직 알 수 없습니다.

기본소득은 오래된 이야기이자 미래이지만, 이제는 먼 미래의 일이 아니며, 우리나라에서도 이미 많은 실험이 진행되고 있습니다. 한국의 무상급식이 순식간에 사회적 의제로 떠오르며 대대적인 성공의 전망을 만들어낸 것처럼, 기본소득의 미래 역시 그리 멀지 않을 수도 있습니다. 왜냐하면 그것은 이미 빠른 속도로 인류의 마음을 사로잡으면서 확장되고 있기 때문입니다.

좌파와 진보뿐 아니라 케인스주의자, 심지어 자유주의자 중에도 기본소득 또는 이와 유사한 제도를 옹호하는 사람이 있습니다. 그만큼 기본소득은 자본주의 안에서도 실현될 가능성이 크지만, 자본주의보다 경제적으로 우월하고 지속 가능한 대안 경제 체제를 새롭게 기획하고 실현할 수 있다면, 기본소득은 그 사회에서 더 잘 실현될 수 있습니다. 왜냐하면 그곳에서는 누구도 현재 자본주의에서 노동소득 이외의 모든 소득에 대해 모두가 평등한 권리를 가질 수 있기 때문입니다.

# 기본 사회와 인간의 행복:
뗄 수 없는 상관관계

행복을 향한 보편적 열망과 사회의 책임

 인간은 누구나 행복한 삶을 추구합니다. 행복의 정의는 개인마다 다르며, 물질적 풍요에서 찾기도 하고, 의미 있는 관계나 자아실현에서 찾기도 합니다. 그러나 한 가지 분명한 사실은, 행복은 개인이 살아가는 사회 환경과 연결되어 있다는 점입니다. 극심한 빈곤, 만연한 불안, 뿌리 깊은 불평등 속에서 모든 사회 구성원이 진정한 의미의 행복을 누리기는 어렵습니다. 개인의 노력만으로는 극복할 수 없는 구조적 장벽들이 행복을 가로막기 때문입니다.

　이러한 문제의식에서 논의되는 '기본 사회(Basic Society)' 개념은, 단순히 경제 시스템이나 복지 제도를 개선하는 것을 넘어서, 인간의 행복을 위한 근본적 사회 기반을 마련하자는 시도입니다. 기본 사회는 모든 구성원에게 기본적인 삶의 수준과 존엄을 보장합니다. 이를 통해 개인이 생존의 불안에서 벗어나 각자의 잠재력을 발현하고, 의미 있는 삶을 추구할 수 있는 환경을 조성하는 것이 목표입니다. 기본 사회가 행복 자체를 직접적으로 제공하지는 않지만, 인간이 행복을 느끼고 추구하는 데 필수적인 조건을 충족시킨다는 점에서, 인간의 행복과 뗄 수 없는 상관관계를 가집니다. 기본 사회는 행복이라는 꽃을 피우기 위한 비옥하고 안정적인 토대를 제공하는 것입니다.

행복의 가장 기본적인 토대: 불안의 해소와 안전의 보장

　심리학자 매슬로우의 욕구 단계 이론에 따르면, 인간은 생리적 욕구(의식주 등)와 안전의 욕구가 충족된 후에야 소속감, 존경, 자아실현 등 상위 단계의 욕구를 추구할 수 있습니다. 이는 기본적인 삶의 안정성이 인간 행복의 가장 근원적인 토대임을 시사합니다. 만약 당장의 식사, 안전한 잠자리, 아프거나 일자리를 잃었을 때의 막막함 등 생존에 대한 불안이 만연하다면, 개인은 행복은커녕 불안과 공포에서 벗어나지 못합니다. 이런 만성적인 불안감은 인간의 정신적·신체적 건강을 해치고, 긍정적 사고나 미래에 대한 희망을 품는 것을 방해하며, 결국 행복을 느낄 수 있는 여지 자체를 앗아갑니다.

앞서 논의한 송파 세 모녀 사건은, 기본적인 삶의 안정성이 부재할 때 인간이 겪게 되는 절망의 깊이를 극명하게 보여줍니다. 질병과 생활고 속에서 그들이 느꼈을 불안과 고립감은 상상하기 어렵습니다. 사회 안전망의 부재는 그들의 삶을 지탱하던 마지막 끈마저 놓게 만들었고, 이는 결국 인간이 경험할 수 있는 가장 비극적인 형태의 불행으로 귀결되었습니다.

기본 사회는 이처럼 생존과 안전에 대한 근본적인 불안을 해소하는 것을 목표로 합니다. 기본소득과 같은 정책은 모든 국민에게 일정 수준의 소득을 조건 없이 보장함으로써 최소한의 경제적 기반을 마련합니다. 기본주택 정책은 불안정한 주거 환경에서 벗어나, 안전하고 안정적인 공간에서 삶을 꾸릴 수 있도록 지원합니다. 이러한 제도를 통해 개인은 "내가 내일 당장 먹고 살 수 있을까", "아프면 어떻게 하지", "집세를 못 내면 쫓겨나지 않을까"와 같은 생존에 대한 불안에서 어느 정도 해방될 수 있습니다.

생존의 위협이 사라지고, 기본적 안전이 보장될 때, 비로소 인간은 불안에서 벗어나 숨을 고르고, 삶의 다른 측면을 돌아볼 여유를 가질 수 있습니다. 이것이 행복을 향한 첫걸음입니다.

자유, 기회, 그리고 존엄한 삶이 가져오는 행복

기본 사회가 제공하는 기본적 안정은 심리적 안정을 주기도 합니다. 단순히 불안을 해소하는 것을 넘어서, 개인에게 더 큰 '자유'와 '기회'를 부여합니다. 생계에 대한 절박함에서 벗어날 때, 개인은 억지로 버텨야 했던 열악한 일자리를 떠나거나, 새로운 기술을 배우기 위해 교육에 투자하거나, 자신이 진정으로 하고 싶은 일에 도전하거나, 가족을 돌보는 데 시간을 할애하는 등 삶의 방향을 더 자유롭게 선택할 수 있게 됩니다. 이는 개인의 자율성을 높이고, 잠재력을 탐색하며 발현할 기회를 확대하고, 궁극적으로 자신의 삶에 대한 통제감을 높여 줍니다. 스스로 삶을 주도하고 다양한 가능성을 탐색하는 과정은 인간이 행복을 느끼는 데 매우 중요한 요소입니다.

또한 기본 사회는 인간의 존엄성을 회복하는 데 기여합니다. 극심한 빈곤이나 사회적 낙인 속에서 인간은 수치심과 무력감을 느끼며 존엄성을 훼손당합니다. 도움이 필요한 상황에서도 자선이나 시혜의 대상이 아니라, 시민으로서 마땅히 누려야 할 기본 권리로서 지원받는다는 인식은 자존감을 높이고, 사회 구성원으로서의 소속감을 느끼게 합니다. 기본 사회는 모든 개인이 존재 자체만으로도 존중받아야 할 가치가 있다는 메시지를 전하며, 이는 인간이 행복을 느끼는 데 필수적인 존엄한 삶의 기반이 됩니다. '기본소득'이나 '기본주택'과 같은 제도가 단순한 물질적 지원이 아닌 '기본 권리'로서 보장될 때, 이는 개인의 경제적 자유를 증진하는 수단이 될 수 있습니다. 토마스 페인의 통찰처럼, 존엄성이 보장된 환경에서 개인은 더욱 자유롭고 행복한 삶을 추구할 수 있습니다.

사회적 연결, 불평등 완화, 그리고 공동체의 행복

기본 사회는 개인의 행복 증진뿐만 아니라, 사회 전체의 행복 수준을 높이는 데도 기여할 수 있습니다. 극심한 소득 불평등과 양극화는 사회 구성원 간 신뢰를 약화시키고, 위화감과 박탈감을 심화하여 사회 통합을 저해합니다. 부의 격차는 단순한 경제 문제를 넘어, 교육, 건강, 기회 등 삶의 전반에서 격차를 벌려 사회 이동성을 낮추고 계층 간의 골을 깊게 만듭니다. 이러한 불평등은 사회 구성원들이 서로에게 등을 돌리게 만들고, 공동체 의식을 약화시키며, 사회 전체의 행복 수준을 저하합니다..

기본 사회는 모든 구성원에게 최소한의 삶의 수준을 보장해, 극단적 빈곤을 완화하고 소득 불평등을 줄이는 효과를 기대할 수 있습니다. 소득 격차가 완화되고, 기본적인 삶에 대한 불안이 줄어들 때, 사람들은 사회 시스템과 다른 구성원에 대한 신뢰를 회복하고, 공동체 활동에 더 적극적으로 참여하며, 서로에게 더 관대하고 협력적인 태도를 보일 가능성이 높아집니다. 사회적 신뢰와 강한 공동체 의식, 그리고 소속감은 인간 행복의 매우 중요한 원천입니다.

기본 사회는 생계유지에 필요한 최소한의 시간과 에너지를 절약하게 하여, 사람들이 가족과 더 많은 시간을 보내거나, 자원봉사 활동에 참여하거나, 지역사회 문제에 관심을 기울이는 등 시장경제 활동 외의 활동에 참여할 여유를 만들어 줄 수 있습니다.

미국 스톡턴 기본소득 실험 (SEEDS, 2019-2021)에서 참가자들은 지급된 기본소득을 주로 식료품, 공과금 등 필수 지출에 사용했지만, 이로 인해 재정적 불안감이 크게 줄어들고 삶을 계획할 수 있는 '숨 쉴 공간'이 생겼다고 응답했습니다. 이러한 안정감은 사람들이 장기적인 관점에서 자녀 교육에 더 신경 쓰거나, 지역 사회의 모임에 참여하는 등의 여유를 만들어줄 수 있으며, 기본소득이 '나태'를 유발할 것이라는 일반적인 우려와 달리, 참가자들의 취업률이 오히려 증가했다는 흥미로운 결과를 보여주었습니다. 이는 기본소득이 단순히 일을 하지 않게 만드는 것이 아니라, 더 나은 직업을 탐색하거나 자기 계발에 투자할 수 있는 기회를 제공하여 결과적으로 더 안정적인 경제 활동을 가능하게 할 수 있음을 시사합니다. 그리고 이러한 경제적 안정은 비시장 활동에 대한 여유로 이어질 수 있습니다.

이런 비시장적 활동은 개인에게 깊은 만족과 행복을 주고, 사회적 자본을 확충하며, 공동체의 활력을 높이는 순기능을 합니다. 따라서 기본 사회는 단순히 개인의 물질적 상태를 개선하는 데 그치지 않고, 사회 구성원 간의 유대감을 강화하고 건강한 공동체를 복원함으로써 사회 전체의 행복 수준을 높일 수 있습니다.

기본 사회, 이상과 현실의 간격

대한민국에서 '기본소득'의 정당성 문제를 살펴볼 필요가 있습니다. '노동하지 않는 자는 먹지도 말라'는 원리는 보수와 진보를 막론하고 인류를 지배해 온 오래된 이데올로기입니다. 보수와 가진 자들은 자신은 노동하지 않거나 노동한 이상으로 향유하면서도, 가난한 사람들이 일하지 않는 꼴은 못 보기 때문에 그런 말을 해왔습니다. 노동하는 사람들은 거대한 투기와 불로소득을 누리며 자신을 지배하는 사람들을 보면 참을 수 없어서이기도 합니다. 이 원리는 현대 자본주의 사회에서 더욱 강조되는 이데올로기이자 현실입니다.

그러나 4차 산업혁명 시대의 도래와 함께, 인공지능(AI)과 자동화 기술의 발전은 노동 시장의 지형을 근본적으로 변화시키고 있습니다. 이러한 변화 속에서 '기본소득(Universal Basic Income, UBI)'은 사회적 안전망의 새로운 패러다임이자 미래 사회의 해법으로 전 세계적으로 주목받고 있습니다. 한국에서도 기본소득은 활발한 논의의 대상이지만, 그 도입의 정당성을 둘러싼 다양한 논쟁과 난제가 존재하며, 이는 국민적 합의를 이끌어내는 데 가장 큰 걸림돌로 작용하고 있습니다. 대한민국에서 기본소득의 정당성 문제가 제기되는 주요 측면은 다음과 같습니다.

막대한 재원 마련의 정당성: "돈은 어디서 오는가?"

기본소득 도입의 가장 현실적이면서 치명적인 난관은 바로 재원 문제입니다. 모든 국민에게 조건 없이 일정한 소득을 지급하려면 천문학적인 예산이 필요합니다. 이를 충당하기 위한 방안으로는 증세(국민연금, 부가가치세, 탄소세 등), 기존 복지 예산 조정 및 통폐합, 국채 발행 등이 거론됩니다.

증세의 정당성 논란은 국민적 저항이 큰 증세와 과세의 형평성 문제로 경제 활동 위축 우려를 낳습니다. 특히 고소득층에 대한 증세는 이들의 조세 저항을 부르고, 보편적 증세는 중산층의 부담을 가중시켜 도입의 정당성을 흔들 수 있습니다.

　기본소득이 기존의 선별적 복지 제도를 대체하거나 축소할 경우, 기존 수혜자들의 반발과 함께 복지 시스템의 혼란을 초래할 수 있습니다. 과연 기존에 특정 취약계층에게 돌아가던 복지 혜택을 줄이고 모든 국민에게 나눠주는 것이 더 정당한가에 대한 논의가 꾸준히 제기되는 것도 사실입니다.

　근로 의욕 저하 및 도덕적 해이 논란, 즉 "놀고먹는 사람이 늘어날까?"라는 문제도 있습니다. 기본소득 반대론자들이 가장 강하게 제기하는 정당성 문제는 '근로 의욕 저하'와 '도덕적 해이'입니다. 일하지 않아도 최소한의 생활이 보장된다면, 사람들이 노동을 기피하고 무임승차하려 할 것이라는 우려입니다.

　'열심히 일하는 가치'를 말하기도 합니다. 한국 사회는 '노력하면 성공한다'는 근면의 가치와 '일하지 않는 자는 먹지도 말라'는 프로테스탄트 윤리가 깊게 뿌리내려 있습니다. 이런 분위기에서 조건 없는 소득 지급은 '근로'의 가치를 훼손하고 불공정하다는 인식을 심어줄 수 있습니다.

　생산성 하락도 우려합니다. 기본소득으로 인해 노동 공급이 감소하면, 국가 전체의 생산성 하락과 경제 성장 둔화로 이어질 수 있다는 경제학적 우려도 있습니다.

형평성과 공정성 문제 제기

형평성 및 공정성 논란의 핵심은 "왜 부자에게도 기본소득을 주어야 하는가?"입니다. 기본소득의 핵심 원칙인 '보편성'은 역설적으로 '형평성' 논란을 야기합니다. 이미 충분한 소득을 가진 부유층에게까지 기본소득을 지급하는 것이 과연 정당한가에 대한 문제 제기입니다.

'정작 필요한 이들에게 더 많은 자원을 집중해야 한다'는 선별적 복지 관점에서는, 부자에게도 돈을 주는 기본소득이 비효율적이고 불공정하게 보일 수 있습니다. 이는 한정된 재원을 효율적으로 배분해야 한다는 책임감과도 충돌합니다.

상대적 박탈감 유발도 있습니다. 열심히 일해 세금을 납부하는 국민 입장에서 자신들의 세금이 소득과 관계없이 모든 사람에게 돌아간다는 사실은 상대적 박탈감을 유발하고, 성실한 납세 의지에 대한 회의감도 불러올 수 있습니다.

기본소득은 단순한 경제 정책을 넘어 사회 시스템 전반에 대한 근본적 변화를 요구합니다. 따라서 광범위한 사회적 합의가 필수적이지만, 한국 사회에서는 여전히 이념적 대립의 산물로 인식되는 경향이 강합니다.

기본 사회, 기본소득은 주로 진보 진영에서 주장하는 보편적 복지의 대표적 형태인 반면, 보수 진영은 보편적 복지, 특히 기본소득과 같은 형태의 정책에 반대하는 주요 이유는 재정 건전성, 시장 경제 원리, 그리고 개인의 책임과 근로 윤리라는 세 가지 핵심 가치에 기반을 둡니다. 이러한 반대 의견은 다음과 같습니다.

1. 재정 건전성 훼손 우려

가장 강력하고 현실적인 반대 이유는 막대한 재원 소요와 그로 인한 재정 건전성 훼손입니다.

천문학적인 비용: 기본소득과 같은 보편적 복지는 모든 국민에게 조건 없이 일정 금액을 지급해야 하므로, 필요한 재원이 천문학적인 수준이 됩니다. 예를 들어, 모든 국민에게 월 50만 원만 지급해도 연간 수백조 원의 예산이 필요합니다.

이러한 재원을 마련하기 위해서는 대규모 증세(소득세, 법인세, 부가가치세 등)가 불가피하거나, 대규모 국채 발행을 통해 재정 적자를 감수해야 합니다. 보수 진영은 증세가 기업 활동과 투자 심리를 위축시키고, 국채 발행은 미래 세대에 부담을 전가하여 국가 재정의 지속 가능성을 해친다고 주장합니다.

높은 세금 부담은 기업의 경쟁력을 약화시키고, 개인의 근로 의욕을 떨어뜨려 전반적인 경제 성장을 저해할 수 있다고 봅니다.

2. 시장 경제 원리 위배 및 효율성 저하

보수 진영은 보편적 복지가 자유 시장 경제의 원리와 효율성을 훼손한다고 주장합니다.

자원이 한정되어 있으므로, 복지 정책은 실질적으로 도움이 필요한 취약 계층에 '선별적으로' 집중되어야 효율적이라고 봅니다. 보편적 복지는 굳이 지원이 필요 없는 사람들에게까지 자원을 분배함으로써 비효율을 초래한다고 지적합니다.

열심히 일해서 세금을 내는 사람들의 소득을 덜 일하거나 일하지 않는 사람들에게 분배하는 것이 과연 형평성에 맞는가에 대한 의문을 제기합니다. 이는 '무임승차' 문제로 이어질 수 있다고 지적합니다.

3. 근로 윤리 저해 및 도덕적 해이

보수 진영은 조건 없는 현금 지급이 개인의 근로 의욕을 저하시키고 도덕적 해이를 유발할 수 있다고 우려합니다.

기본소득이 지급되면 사람들이 굳이 힘들게 일할 필요성을 느끼지 못하게 되어, 생산성이 저하되거나 노동 시장에서 이탈하는 현상이 나타날 수 있다고 주장합니다.

국가에 대한 의존성이 심화되고, 개인의 자립심과 책임감이 약화될 수 있다고 봅니다. 이는 장기적으로 사회 전체의 활력을 떨어뜨릴 수 있다는 시각입니다.

이러한 이유들로 인해 보수 진영은 기본소득과 같은 보편적 복지 정책에 대해 '이상적이지만 비현실적이며, 경제적 부작용이 크다'는 입장을 견지합니다.

대한민국에서 기본소득의 정당성 문제는 단순히 재원 마련의 현실적 어려움을 넘어, '노동의 가치', '분배의 공정성', '복지의 철학' 등 사회의 근본적 가치관과 이념적 지향이 복합적으로 얽혀 있는 문제입니다. 4차 산업혁명 시대에 새로운 사회적 안전망으로서 기본소득의 필요성은 점점 커지고 있지만, 그 도입의 정당성을 확보하기 위해서는 단순히 경제적 효율성만을 내세울 것이 아니라, 국민적 공감대를 형성하고 사회적 가치와 윤리적 질문에 대한 심도 깊은 성찰이 선행되어야 합니다. 이는 한국 사회가 미래를 향해 나아가기 위해 반드시 풀어야 할 복잡한 숙제입니다.

우리 기본사회 이야기 나누며
미래의 길로 나아갑시다

 세계의 변화를 이끄는 리더들도
이야기하는 기본소득

　테슬라 회장 일론 머스크는 여러 강연과 인터뷰, 그리고 자신의 소셜 미디어(주로 X, 구 트위터)를 통해 기본소득(UBI)에 대해 언급했습니다. 특정 강연이나 기고문 하나만 집어서 말하기는 어렵지만, 그의 견해가 잘 드러난 공개 발언은 대표적으로 다음과 같습니다. 2017년 2월 두바이에서 열린 월드 거버먼트 서밋(World Government Summit)에서 머스크는 AI와 자동화로 인한 일자리 감소 문제를 언급하며, 이에 대한 대책으로 보편적 기본소득이 필요해질 것이라고 주장했습니다. 그는 "선택의 여지가 없을 것(I don't think we're going to have a choice)"이라며, 기본소득 도입의 필연성을 강조했습니다.

2016년 11월 CNBC 인터뷰에서도 머스크는 자동화로 인해 결국 보편적 기본소득 또는 그와 유사한 제도가 필요할 가능성이 높다고 언급했습니다. 그는 사람들이 더 많은 여가 시간을 갖고, 복잡하고 흥미로운 일에 시간을 쓸 수 있을 것이라고 전망했습니다.

머스크는 자신의 X 계정에서도 기본소득에 관한 견해를 자주 올립니다.

2018년 6월에는 AI가 인간의 일자리를 대부분 대체하면, 시간이 흐르면서 보편적 소득이 필요해지고, 일자리를 얻더라도 기본소득이 줄어들지 않아야 생산성이 보상받는다고 언급했습니다.

2021년 8월 테슬라의 AI 기술 관련 행사(AI Day)에서도, 장기적으로 AI가 노동력 부족 문제를 해결하면서 보편적 기본소득이 필요하게 될 것이라고 말했습니다. 2024년 5월 프랑스 파리에서 열린 VivaTech 컨퍼런스 영상에서는, 미래에는 AI가 모든 일자리를 대체해 아무도 직업을 갖지 않을 가능성이 높다고 했습니다. 이때 필요한 것은 '보편적 기본소득(UBI)'이 아니라 '보편적 높은 소득(universal high income)'이 될 것이며, 재화와 서비스가 부족하지 않을 것이라고도 전망했습니다.

이 외에도 머스크는 다양한 인터뷰나 공개 석상에서 AI와 자동화의 미래를 논의할 때, 기본소득의 필요성을 자주 언급합니다. 기고문 형태로 그의 기본소득 철학이 자세히 실린 자료는 찾기 어렵지만, 위의 강연이나 소셜 미디어 발언에서 그의 주요 입장을 파악할 수 있습니다.

2023년 세계를 뒤흔든 챗GPT의 등장

샘 올트먼(Sam Altman) OpenAI CEO 역시 인공지능(AI)의 발전과 그로 인한 미래 사회 변화 논의에서 보편적 기본소득(UBI)을 여러 차례 언급해 왔습니다. 일론 머스크와 마찬가지로, AI와 자동화로 인해 전통적 일자리가 줄고 부의 집중이 심화될 가능성에 대한 대비책으로 기본소득 필요성을 주장하고 있습니다.

샘 올트먼이 Y Combinator 대표로 있던 시절, Y Combinator는 미국에서 대규모의 보편적 기본소득 실험 프로젝트를 시작하고 지원했습니다. 실험은 여러 해에 걸쳐 진행되었으며, 2024년 7월경에는 이 실험의 초기 결과들이 발표되면서 다시 한 번 주목받았습니다. 실험 참가자들에게 정기적으로 현금을 지급하고 그 영향을 연구한 내용입니다. 샘 올트먼(Sam Altman)이 Y Combinator (YC)의 대표로 있을 때, YC는 미국에서 대규모의 보편적 기본소득(Universal Basic Income, UBI) 실험 프로젝트를 시작하고 지원했습니다. 이 프로젝트는 YC Research 라는 이름으로 시작되었고, 이후 올트먼이 OpenAI로 이동하면서

OpenResearch로 이름이 바뀌었지만, 올트먼은 여전히 의장으로 프로젝트에 참여하고 있습니다.

다음은 해당 프로젝트의 실험 내용, 보고서 및 관련 블로그 정보입니다.

Y Combinator의 UBI 실험 프로젝트 개요

샘 올트먼은 2016년 1월 Y Combinator 블로그에 "Basic Income"이라는 글을 통해 UBI 연구에 대한 관심을 표명하며 연구자들을 모집했습니다. 그는 기술 발전이 미래에 많은 일자리를 대체할 것이라는 예측 속에서 기본소득의 필요성을 역설했습니다.

초기 파일럿 (오클랜드, 캘리포니아): 2016년 9월, YC Research는 오클랜드에서 소규모 파일럿 연구를 시작했습니다. 약 100명 미만의 참가자들에게 약 1년 동안 월 1,500달러를 지급하는 형태였습니다. 이 파일럿은 주로 대규모 연구를 위한 방법론을 테스트하고 잠재적인 문제점을 파악하는 데 중점을 두었습니다.

대규모 연구 (일리노이, 텍사스): 초기 파일럿의 경험을 바탕으로,

YC Research는 2020년부터 3,000명의 참가자에게 월 1,000달러를 3년 동안 지급하는 대규모 UBI 연구를 시작했습니다. 이 중 2,000명은 대조군으로 월 50달러를 받았습니다. 참가자들은 연방 빈곤선 300% 이내의 저소득층이었습니다 (평균 소득 29,000달러 미만). 이 연구는 일리노이와 텍사스 주에서 진행되었습니다.

이 연구는 무조건적인 현금 지급이 수혜자들의 시간 사용, 정신적/육체적 건강, 의사 결정, 범죄율, 정치적/사회적 태도, 그리고 자녀에게 미치는 영향 등 다양한 요인에 어떤 영향을 미치는지 평가하는 것을 목표로 하였습니다.

주요 실험 결과 및 보고서

OpenResearch는 2024년 7월 21일 (한국 시간 기준)에 대규모 연구의 첫 번째 주요 결과를 발표했습니다.

소비 패턴: 기본소득 수급자들은 지급된 돈을 주로 식료품, 주거비, 교통비 등 기본적인 생활 필수품에 사용했습니다. 이는 기본소득이 '나태'나 '불필요한 지출'로 이어질 것이라는 우려를 불식시키는 중요한 결과입니다.

고용 및 근로 시간: 초기 예상과 달리, 기본소득 수급자들은 대조군

에 비해 주당 평균 1.3~1.4시간 덜 일했습니다. 이는 '근로 시간 감소'로 해석될 수 있습니다.

하지만 연구자들은 이 시간을 단순히 '게으름'으로 보지 않고, 수급자들이 생계 걱정 없이 더 나은 직업을 탐색하거나, 원하지 않는 일을 거절할 수 있는 유연성을 확보했기 때문이라고 분석하였습니다. 일부 참가자들은 이를 통해 더 나은 조건의 일자리를 찾을 수 있었다고 언급했습니다. 예상했던 '더 나은 직장으로의 전환'이나 '창업 증가'와 같은 유의미한 변화는 나타나지 않았습니다.

삶의 질 및 웰빙(Wellbeing): 기본소득을 받은 첫 해에는 스트레스가 상당히 감소했습니다. 그러나 두 번째 해부터 그 효과가 사라지고, 3년차에는 오히려 스트레스가 높아지는 역전 현상이 나타났다는 보고도 있습니다. 이는 현금 지급만으로는 장기적인 건강 개선 효과가 없을 수 있다는 점을 시사합니다.

가장 중요한 점은 기본소득이 참가자들에게 '선택할 수 있는 유연성(flexibility)'과 '주체성(agency)'을 주었다는 것입니다. 이는 재정적 불안감 감소, 더 나은 직업 탐색, 의료 접근성 향상, 가족 지원 등으로 이어졌습니다.

어떤 참가자는 "치아 교정기를 했다"고 언급하며, 기본적인 필요 이상의 자신을 위한 투자를 가능하게 했다는 점을 강조했습니다. 다른 참가자는 "쓰레기 같은 일자리를 가져야 할 필요가 없어졌다"고 말하며, 생계 걱정 없이 더 적합한 직업을 찾을 기회가 생겼음을 표현했습니다.

관련 보고서 및 블로그 링크

샘 올트먼의 초기 블로그 글 (Y Combinator): "Basic Income" (2016년 1월): https://www.ycombinator.com/blog/basic-income

"Basic Income Research Proposal" (2017년 2월, 업데이트):
 https://www.ycombinator.com/blog/basic-income-research-proposal

이 블로그들은 YC가 왜 UBI 실험에 관심을 갖게 되었는지, 그리고 연구의 목표와 접근 방식을 설명하고 있습니다.

Open Research (현재 연구 기관):
샘 올트먼이 지원하는 이 기관에서 연구 보고서를 발표합니다. 직접적인 원본 보고서 링크는 언론 기사에서 주요 내용을 요약하였습니다.

CBS News 기사 (2024년 7월 23일): "Here's what a Sam Altman-backed basic income experiment found"
https://www.cbsnews.com/news/sam-altman-universal-basic-income-study-open-research/

The Register 기사 (2024년 7월 23일): "Sam Altman's UBI study finds that money can buy happiness"

https://www.theregister.com/2024/07/23/sam_altman_basic_income/

프레시안 기사 (2024년 7월 30일): "샘 올트만의 기본소득 실험은 무엇을 말해주는가?"

https://www.pressian.com/pages/articles/2024073011540624872

샘 올트먼은 개인 블로그(samaltman.com/blog)를 통해 기술 발전의 사회적 영향과 부의 불평등 등에 대한 자신의 생각을 공유해 왔습니다. 특히 2014년에 쓴 "Technology and wealth inequality(기술과 부의 불평등)"이라는 글에서는, 기술 발전이 생산성을 높이지만 그 혜택이 소수에게 집중되어 불평등이 심화될 수 있다고 지적하며, 사회적 안전망이나 부의 재분배 메커니즘 필요성을 시사했습니다. 이 글에서 기본소득을 직접 명시하지는 않았지만, 그의 기본소득 주장에 바탕이 되는 문제의식을 엿볼 수 있습니다.

OpenAI CEO로서, 기술 분야 리더로서의 다양한 언론 인터뷰에서 AI가 일자리에 미칠 영향에 대해 이야기할 때도 기본소득을 해결책 중 하나로 자주 제시합니다. 요약하면, 샘 올트먼의 기본소득 관련 발언이나 활동을 찾으려면 Y Combinator 시절 기본소득 실험 보고서와 기사, 개인 블로그의 기술·사회 관련 글, 월드코인 프로젝트 관련 자료와 인터뷰, 최근 AI 관련 인터뷰 및 컨퍼런스 연설 등을 참고하는 것이 가장 구체적인 내용을 파악하는 데 도움이 됩니다.

 ## 우리는 어느정도 준비 되었을까?

2020년 8월 창원대학교 대학원 진형익 박사학위 논문에 의하면,

기본소득 인식 및 태도에 관한 설문조사 결과에 따르면, 응답자의 37.9%가 기본소득에 대해 알고 있다고 응답하였으며, 기본소득의 도입에 대한 찬성률은 46.5%로 나타났다. 기본소득을 지급하는 대상이나 기준으로는 개인별 지급이 적절하다는 응답이 37.5%로 가장 높았으며, 기본소득의 적정금액 수준은 50만 원 이하가 43.1%로 가장 많았다. 기본소득 도입 시 가장 우려되는 영향은 세금 부담이나 재원 부족

등이고, 기본소득으로인해 가장 기대되는 효과는 재정적인 어려움 해소로 인식하고 있었다. 일반적으로사람들이 일을 그만둘 것으로 예상되는 기본소득의 크기는 150~200만원 미만이라는 응답이 가장 많았지만, 응답자 본인은 기본소득의 지급규모에 상관없이 일을 그만두지 않을 것이라는 응답이 가장 많았다.[4]

이 논문은 기본소득 도입 가능성을 탐색하기 위해 국민들의 인식을 조사한 연구입니다.

기본소득과 관련된 주요 쟁점을 파악하고, 설문 조사를 통해 기본소득 도입의 가능성을 탐색하는 것을 목적으로 했으며, 전국 성인 남녀(만 19세~64세) 905명을 대상으로 2020년 3월 18일부터 24일까지 설문 조사가 진행되었습니다.

코로나19와 재난지원금 이슈가 부상하던 특수한 상황에서 국민들이 기본소득에 대해 어떤 인식을 가지고 있는지, 그리고 그 도입 가능성을 어떻게 보고 있는지를 파악하고자 하였습니다. 2020년 코로나 19로 지급되었던 재난지원금을 기본소득과 연결하여 연구한 논문으로 당시 국민들의 기본소득에 대한 인지도는 비교적 아직은 낮은 수준(38%)이었습니다. 기본소득 도입에 대한 찬성률은 47%로, 긍정적인 여론이 우세하다고 보기는 어렵지만 코로나19 상황에서 기본소득 도입의 필요

---

[4] 진형익, 기본소득의 도입가능성에 대한 탐색적연구, 2020

성에 대해서는 절반 정도(50%)가 동의하는 것으로 나타났습니다. 결국 기본소득에 대한 국민들의 인식이 아직 명확하게 형성되지 않았음을 보여줍니다 기본소득 도입에 대한 논의를 본격적으로 진행하기 위해서는 국민들의 이해를 높이고 공감대를 형성하는 것이 가장 중요하다고 언급하고 있으며, 지금부터 우리는 기본을 갖추기위한 그 시작을 한걸음 한걸음 준비하면서 다가가지 않으면 너무나 빠르게 다가오는 이전에 경험하지 못했던 4차산업 혁명의 급속한 환경변화에 대응할 수 없을 것입니다.

우리는 4차 산업혁명 시대의 불확실성에 맞서는 기본소득의 역할에서부터, 무상급식이라는 부분적 기본소득의 성공 사례, 그리고 대한민국 사회가 기본소득 도입을 위해 넘어서야 할 '정당성'이라는 복합적인 문제까지 폭넓게 살펴보았습니다. 이 모든 논의의 궁극적 지향점은, 단순히 돈을 나누어주는 정책을 넘어서 '모두의 삶의 기본이 보장되는 사회', 즉 '기본사회(Basic Society)'로 나아가는 길을 모색하는 데 있습니다.

인공지능과 자동화가 우리의 일상과 경제 시스템을 재편하고, 예측 불가능한 팬데믹이 사회의 취약성을 드러내는 시대에, '기본소득'은 더 이상 몽상가들의 이상론이 아닌, 미래 사회의 생존과 번영을 위한 진지한 대안으로 자리매김하고 있습니다. 물론 재원 마련의 어려움, 근로 의욕 저하 우려, 공정성 논란 등 수많은 난관이 우리의 발목을 잡을 수 있습니다. 하지만 이러한 도전 과제들은 피해야 할 장애물이 아니라, 더욱 정교하고 설득력 있는 '기본사회'의 청사진을 그리기 위한 숙고의 기회로 삼아야 할 것입니다.

결국 '기본사회로 가는 기본소득' 논의는 우리 공동체가 직면한 근본적인 질문을 던집니다. 우리는 어떤 사회에서 살고 싶은가? 그리고 그 사회를 위해 무엇을 함께 책임지고, 무엇을 공유하며, 어떻게 새로운 사회 계약을 맺어나갈 것인가? 이 대화는 단지 정책 전문가나 정치인의 몫이 아니라, 우리 모두의 삶과 미래가 걸린 중요한 여정입니다.

이제는 막연한 두려움이나 섣부른 낙관론을 넘어, 열린 마음으로 '기본사회'의 가능성과 현실적 과제들을 마주해야 할 때입니다. 서로의 지혜를 모으고, 다양한 목소리에 귀 기울이며, 새로운 실험과 숙고를 거듭함으로써, 우리는 모두의 존엄이 보장되고 지속 가능한 '기본사회'를 향한 의미 있는 발걸음을 내디딜 수 있을 것입니다. 이 논의의 과정 자체가, 우리가 더 나은 미래를 향해 나아가고 있음을 증명하는 것이 아닐까요?

'기본사회'를 향한 여정, 지속적인 대화와 실천으로

지금까지 우리는 '기본사회'라는 개념적 정의를 통해, 모든 공동생활 구성원의 삶의 기본이 보장되어야 한다는 당위성을 확인했습니다. 또한 우리 사회가 직면한 양극화와 복지 사각지대의 문제를 해결하기 위한 핵심 방안으로 '기본소득'의 필요성도 논의했습니다. 물론 기본소득 도입은 막대한 재원 마련의 어려움, 근로 의욕 저하와 공정성 논란 등 쉽지 않은 '정당성 문제'에 직면해 있습니다.

그러나 진형익 박사의 2020년 설문조사 결과가 보여주듯, 국민의 상당수는 기본소득에 대해 인지하고 있으며(37.9%), 도입에 대한 찬성률도 절반에 가까운 46.5%에 달합니다. 특히, 응답자 본인은 기본소득 지급 규모와 무관하게 일을 그만두지 않을 것이라는 응답이 가장 많았다는 점은, 기본소득이 근로 의욕을 저하시킬 것이라는 일각의 우려에 대해 중요한 시사점을 던집니다. 국민들이 가장 우려하는 점은 세금 부담이나 재원 부족이지만, 동시에 가장 기대하는 효과는 '재정적 어려움 해소'인 만큼, 투명하고 합리적인 재원 마련 방안과 그 효과에 대한 지속적인 설득과 공론화가 필요합니다.

4차 산업혁명 시대의 불확실성과 자동화의 물결 속에서, '기본사회'는 더 이상 선택의 문제가 아니라, 지속 가능한 공동체를 위한 필수적인 지향점이 되어가고 있습니다. 무상급식이라는 '부분적 기본소득'의 성공 경험이 보편적 복지 담론의 물꼬를 텄듯, 이제 우리는 '기본사회'라는 더 큰 그림을 향해 나아가야 할 때입니다.

결론적으로, '기본사회'로 가는 길은 결코 순탄치 않겠지만, 우리 모두의 삶의 기초를 튼튼히 하고 공동체의 회복력을 높이기 위한 중요한 여정입니다. 이 여정은 정부와 학계뿐만 아니라 모든 시민의 적극적인 관심과 참여를 통해 사회적 합의를 구축하고, 현실적인 대안들을 지속적으로 모색하며 실천해 나갈 때 비로소 빛을 볼 수 있습니다.

이제, 우리 '기본사회'에 대한 이야기로 미래의 길로 나아갑시다.

경기기본사회 위원장 민병덕 의원님과 사단법인 기본사회 경기본부 운영진

뒷줄 왼쪽부터 경기상임대표 이선근, 조민경, 곽지후, 권준오 사무국장
앞줄 왼쪽부터 장세환 대표, 민병덕 의원, 조현삼 변호사, 조성진 교수

4차산업 시대 우리에게 기본을 묻다

초판 1쇄 발행 2025년 7월 31일

펴낸이 사단법인 기본사회 경기본부
발행인 김영근
저자 민병덕, 조현삼, 장세환, 조성진
편집 마음 연결
디자인 마음 연결
펴낸곳 마음 연결
주소 경기도 수원시 팔달구 인계로 120 스마트타워 604호
이메일 nousandmind@gmail.com
ISBN 979-11-93471-78-4 (03330)
값 16900